古典文獻研究輯刊

二六編

潘美月・杜潔祥 主編

第 18 冊

畢沅生平及其小學研究（上）

邱 永 祺 著

國家圖書館出版品預行編目資料

畢沅生平及其小學研究（上）／邱永祺 著 — 初版 — 新北市：
花木蘭文化事業有限公司，2018〔民 107〕
序 2+ 目 6+138 面；19×26 公分
（古典文獻研究輯刊 二六編；第 18 冊）
ISBN 978-986-485-362-5（精裝）
1.（清）畢沅 2.學術思想 3.漢語文字學
011.08   107001777

ISBN-978-986-485-362-5

9 789864 853625

古典文獻研究輯刊
二六編　第十八冊　　　　　　ISBN：978-986-485-362-5

畢沅生平及其小學研究（上）

作　　者　邱永祺
主　　編　潘美月　杜潔祥
總 編 輯　杜潔祥
副總編輯　楊嘉樂
編　　輯　許郁翎、王筑　美術編輯　陳逸婷
企劃出版　北京大學文化資源研究中心
出　　版　花木蘭文化事業有限公司
發 行 人　高小娟
聯絡地址　235 新北市中和區中安街七二號十三樓
　　　　　電話：02-2923-1455／傳真：02-2923-1452
網　　址　http://www.huamulan.tw 信箱 hml810518@gmail.com
印　　刷　普羅文化出版廣告事業
初　　版　2018 年 3 月
全書字數　276939 字
定　　價　二六編 25 冊（精裝）新台幣 48,000 元

畢沅生平及其小學研究（上）

邱永祺　著

作者簡介

邱永祺，臺灣新北人。臺北市立大學中語系博士、碩士，銘傳大學應中系學士。師承許錟輝教授。專長為文字學、字樣學、清代小學、詞典學。著有《畢沅生平及其小學研究》、《張有《復古編》綜合研究》、《《字鑑》編輯觀念探述》、〈畢沅《經典文字辨證書》字樣觀析探〉等。

提　要

　　本論文題為「畢沅生平及其小學研究」，係針對活躍於清·乾隆時期著名文人畢沅的生平重要事蹟、親人、朋友、師承、幕賓等關係作專門的資料蒐羅與分析，而後將畢沅關於廣義的文字學——小學，包含文字學、金石學、訓詁學等專著進行全面的研究，分析這些著作的精華，包括編輯體例、學術價值及相關著作的發展，並以相近或相關的文獻比較異同，分析優劣，品分長短，再進一步以數據統計，用量化的方式呈現不同的文獻意涵。

　　第一章「緒論」，說明研究的動機乃係因現在是資訊快速產生的時代，因著電腦的普及與網路迅速傳播的便利，使得各式知識的散播已是難以想像的發展，而傳統的文字學研究往往被現代人所忽略與輕視的，這是中文人的使命與責任，應該要振興這樣的學問。現在的文字學研究，應當是跨領域的發展，所以擇選清代重要文人畢沅作為研究對象，乃因其於文字學、金石學、訓詁學皆有相關著作與學術成就。

　　第二章「畢沅生平與著作」，探究畢沅這傳奇且豐富的一生，從他的家世背景開始研究，包括其姓名字號由來、家世傳承、家庭教育、兄弟、姐妹、子孫傳衍等生平詳細的內容，都盡力整理、論述完整；次而將其官旅仕途闡述得清楚，並將其幕府與幕賓，還有關係密切的重要友人，一併講述；再次把他所有的著作分作九類，述其精要，當中也論及其重要的蒐藏品；最後將與他有關的一些軼事記錄下來，作為其生平研究的參考資料。

　　第三章「畢沅之文字學研究」，探析的範疇包括畢沅對於文字學的三本重要著作——《說文解字舊音》、《經典文字辨證書》、《音同義異辨》，分別從文獻輯佚、編輯方式、字樣標準、字形辨似等角度分析此三本書的內容精要與學術價值，證明它們在文字學、說文學中，皆是占有重要地位的文獻。

　　第四章「畢沅之金石學研究」，先就金石學的名義、流變開始談起，次論乾嘉時的金石學發展。在釐清金石學的基本概念後，將與畢沅相關的五本金石著作——《關中金石記》、《中州金石記》、《秦漢瓦當圖》、《經訓堂法帖》、《山左金石志》作為本章研究的五個重點，分別析論此五書的撰述背景、內容精華與學術價值，最後借助他人對於畢沅之金石學研究的評價，總結其於金石學的貢獻良多。

　　第五章「畢沅之訓詁學研究」，探討畢沅針對字義為主要研究目標的著作——《釋名疏證》及相關繼踵之作。先把《釋名疏證》的作者公案釐清，再論述《釋名》作者，進而將《釋名疏證》的「疏證」內容統計，以數據作為佐證，並觀其學術價值。其後，兼談《續釋名》、《釋名補遺》及王先謙的《釋名疏證補》。最後，闡述《山海經新校正》之相關的訓詁方式及該書價值。

　　第六章「結論」，將本論文的研究成果及精華以簡要的方式陳述在此，闡明畢沅之生平與小學成就，並就此成果點出未來更多可能的研究與發展。

序

　　拿到博士學位後忙著處理生活瑣事，一轉眼已是半年，時光倏忽若白駒之過隙，忽然而已。有道是：「論文備讀五車書，曾受十年寒窗苦。」鑽研小學已歷四千多個晝夜，每每全神貫注於寫作，當自己回神過來便恍若隔世，這些日子眨眼消逝，中間的勞力與費心，非三言兩語可道盡。從旁人眼光看來，他們大多不能明白中文研究所爲何要念這麼久，要寫這麼多字？甚至會懷疑研究的意義何在？倘若本書的問世能釐清小學研究的一些問題，也不枉我這些時日的用心了。

　　今非昔比，研究者往往得先頂住現實壓力，才能無後顧之憂，專心致志。幸運如我，才有機會撰成本書，相信這是老天給我的機會，要我爲這世界多做點事。《左傳》裡提及「立德、立功、立言」爲三「不朽」，立德、立功非一朝一夕可成，但立言卻是努力可期之事。期許自己持之以恆、筆耕不輟，先當立言者，再邁向立德與立功的康莊大道。

　　本書的出版恰可作爲自己這些年來奮鬥的一份禮物。在這條路上，最要感謝的就是　恩師許師錟輝及師母張惠貞女士，還有我親愛的父母。多年心血，希望您們喜歡。

中華民國一〇七年一月八日
邱永祺謹誌於新莊

目 次

上　冊
序
緒　論 ………………………………………………… 1
第一章　緒　論 ……………………………………… 1
　第一節　研究動機 ………………………………… 1
　第二節　研究範圍與方法 ………………………… 5
　第三節　前人研究之述評 ………………………… 7
第二章　畢沅之生平與著作 ……………………… 13
　第一節　家世背景 ……………………………… 13
　　一、姓名字號 ………………………………… 14
　　二、家世傳承 ………………………………… 16
　　三、家庭教育 ………………………………… 19
　　四、兄弟姐妹 ………………………………… 23
　　五、子孫後代 ………………………………… 26
　第二節　官旅仕途 ……………………………… 29
　　一、科舉之路 ………………………………… 30
　　二、陝西巡撫 ………………………………… 30
　　三、河南巡撫 ………………………………… 31
　　四、湖廣總督 ………………………………… 31
　第三節　幕府交遊 ……………………………… 32
　　一、畢沅幕府 ………………………………… 34
　　二、嚴長明 …………………………………… 34
　　三、程晉芳 …………………………………… 35
　　四、洪亮吉 …………………………………… 35
　　五、孫星衍 …………………………………… 36
　　六、邵晉涵 …………………………………… 37
　　七、章學誠 …………………………………… 38
　　八、鄧石如 …………………………………… 39
　　九、黃景仁 …………………………………… 39
　　十、錢大昕 …………………………………… 39
　　十一、王昶 …………………………………… 41
　　十二、戴震 …………………………………… 41

十三、袁枚 ……………………………………… 42

十四、阮元 ……………………………………… 43

第四節 著作述論 ………………………………… 44

一、經學類 ……………………………………… 45

二、史學類 ……………………………………… 45

三、方志類 ……………………………………… 45

四、地理類 ……………………………………… 46

五、子書類 ……………………………………… 46

六、文學類 ……………………………………… 47

七、書畫類 ……………………………………… 47

八、金石類 ……………………………………… 57

九、小學類 ……………………………………… 63

第五節 軼事奇談 ………………………………… 63

一、尊崇「歐蘇」 ……………………………… 63

二、敦厚得福 …………………………………… 67

三、慷慨大方 …………………………………… 69

四、狀元夫人 …………………………………… 69

第三章 畢沅之文字學研究 …………………… 73

第一節 《說文解字舊音》析論 ………………… 74

一、編輯體例 …………………………………… 77

二、內容述論 …………………………………… 78

三、學術價值 …………………………………… 83

四、勘誤校正 …………………………………… 85

第二節 《經典文字辨證書》析論 ……………… 97

一、撰書動機與目的 …………………………… 97

二、編輯體例與觀念 …………………………… 100

三、字樣觀念 …………………………………… 106

第三節 《音同義異辨》析論 …………………… 116

一、內容述論 …………………………………… 117

二、編輯方式 …………………………………… 132

三、學術價值 …………………………………… 135

四、精進改正 …………………………………… 136

下　冊

第四章　畢沅之金石學研究 ⋯⋯⋯⋯⋯⋯⋯⋯⋯⋯⋯ 139

　第一節　金石學述論 ⋯⋯⋯⋯⋯⋯⋯⋯⋯⋯⋯⋯⋯⋯ 139

　　一、金石學名義 ⋯⋯⋯⋯⋯⋯⋯⋯⋯⋯⋯⋯⋯⋯⋯ 139

　　二、金石學流變 ⋯⋯⋯⋯⋯⋯⋯⋯⋯⋯⋯⋯⋯⋯⋯ 141

　　三、乾嘉時發展 ⋯⋯⋯⋯⋯⋯⋯⋯⋯⋯⋯⋯⋯⋯⋯ 142

　第二節　《關中金石記》析論 ⋯⋯⋯⋯⋯⋯⋯⋯⋯⋯ 143

　　一、撰述背景 ⋯⋯⋯⋯⋯⋯⋯⋯⋯⋯⋯⋯⋯⋯⋯⋯ 143

　　二、體例與統計 ⋯⋯⋯⋯⋯⋯⋯⋯⋯⋯⋯⋯⋯⋯⋯ 145

　　三、內容述論 ⋯⋯⋯⋯⋯⋯⋯⋯⋯⋯⋯⋯⋯⋯⋯⋯ 149

　　四、跋語析正 ⋯⋯⋯⋯⋯⋯⋯⋯⋯⋯⋯⋯⋯⋯⋯⋯ 166

　　五、學術價值 ⋯⋯⋯⋯⋯⋯⋯⋯⋯⋯⋯⋯⋯⋯⋯⋯ 170

　第三節　《中州金石記》析論 ⋯⋯⋯⋯⋯⋯⋯⋯⋯⋯ 173

　　一、撰述背景 ⋯⋯⋯⋯⋯⋯⋯⋯⋯⋯⋯⋯⋯⋯⋯⋯ 173

　　二、體例與統計 ⋯⋯⋯⋯⋯⋯⋯⋯⋯⋯⋯⋯⋯⋯⋯ 175

　　三、內容述論 ⋯⋯⋯⋯⋯⋯⋯⋯⋯⋯⋯⋯⋯⋯⋯⋯ 177

　　四、學術價值 ⋯⋯⋯⋯⋯⋯⋯⋯⋯⋯⋯⋯⋯⋯⋯⋯ 203

　第四節　《秦漢瓦當圖》析論 ⋯⋯⋯⋯⋯⋯⋯⋯⋯⋯ 205

　　一、「瓦當」概述 ⋯⋯⋯⋯⋯⋯⋯⋯⋯⋯⋯⋯⋯⋯ 206

　　二、輯錄緣由 ⋯⋯⋯⋯⋯⋯⋯⋯⋯⋯⋯⋯⋯⋯⋯⋯ 208

　　三、內容述論 ⋯⋯⋯⋯⋯⋯⋯⋯⋯⋯⋯⋯⋯⋯⋯⋯ 211

　　四、學術價值 ⋯⋯⋯⋯⋯⋯⋯⋯⋯⋯⋯⋯⋯⋯⋯⋯ 232

　第五節　《經訓堂法帖》析論 ⋯⋯⋯⋯⋯⋯⋯⋯⋯⋯ 233

　　一、法帖概述 ⋯⋯⋯⋯⋯⋯⋯⋯⋯⋯⋯⋯⋯⋯⋯⋯ 234

　　二、輯刻背景 ⋯⋯⋯⋯⋯⋯⋯⋯⋯⋯⋯⋯⋯⋯⋯⋯ 236

　　三、內容述論 ⋯⋯⋯⋯⋯⋯⋯⋯⋯⋯⋯⋯⋯⋯⋯⋯ 237

　　四、學術價值 ⋯⋯⋯⋯⋯⋯⋯⋯⋯⋯⋯⋯⋯⋯⋯⋯ 241

　第六節　《山左金石志》析論 ⋯⋯⋯⋯⋯⋯⋯⋯⋯⋯ 242

　　一、撰述背景 ⋯⋯⋯⋯⋯⋯⋯⋯⋯⋯⋯⋯⋯⋯⋯⋯ 242

　　二、內容述論 ⋯⋯⋯⋯⋯⋯⋯⋯⋯⋯⋯⋯⋯⋯⋯⋯ 245

　　三、學術價值 ⋯⋯⋯⋯⋯⋯⋯⋯⋯⋯⋯⋯⋯⋯⋯⋯ 254

　第七節　畢沅金石學之評價 ⋯⋯⋯⋯⋯⋯⋯⋯⋯⋯⋯ 257

第五章　畢沅之訓詁學研究 …………………………… 259

　第一節　《釋名疏證》析論 ……………………… 261

　　一、疏證作者考論 ………………………… 262

　　二、《釋名》作者考論 …………………… 268

　　三、疏證動機及目的 ……………………… 272

　　四、書證與統計 …………………………… 273

　　五、內容析論 ……………………………… 274

　　六、學術價值 ……………………………… 279

　第二節　繼踵之作析論 …………………………… 281

　　一、《釋名補遺》與《續釋名》 ………… 281

　　二、《釋名疏證補》 ……………………… 283

　第三節　《山海經新校正》析論 ………………… 284

　　一、成書體例 ……………………………… 285

　　二、內容述論 ……………………………… 286

　　三、學術價值 ……………………………… 291

第六章　結論 …………………………………………… 295

　第一節　研究成果 ………………………………… 295

　　一、畢沅生平之考證 ……………………… 295

　　二、畢沅著作之整理 ……………………… 296

　　三、文字學之貢獻 ………………………… 297

　　四、金石學之貢獻 ………………………… 297

　　五、訓詁學之貢獻 ………………………… 298

　第二節　未來展望 ………………………………… 298

參考文獻 ………………………………………………… 301

　一、畢沅著作 ……………………………………… 301

　二、古籍 …………………………………………… 303

　　（一）經 …………………………………… 303

　　（二）史 …………………………………… 303

　　（三）子 …………………………………… 305

　　（四）集 …………………………………… 306

　　（五）小學 ………………………………… 309

　三、今人論著 ……………………………………… 310

　四、學位論文 ……………………………………… 314

　　五、期刊論文 ·· 315
　　六、會議論文 ·· 320
　　七、網路資料 ·· 321

附　錄 ··· 323
　一、畢沅之畫像。見《清代學者象傳》 ···················· 323
　二、畢沅之家庭與仕途年表 ·································· 324
　三、弇山畢氏第一至八世傳承圖 ···························· 328
　四、畢沅相關著述表 ·· 329
　五、畢沅之幕府幕賓表 ··· 332
　六、畢沅之幕府幕賓年代順序表 ···························· 338
　七、畢沅之著作書影 ·· 340
　　（一）《關中勝蹟圖志》（四庫全書本） ············· 340
　　（二）《西安府志》（乾隆四十四年刊本） ·········· 340
　　（三）《關中金石記》（經訓堂叢書本） ·········· 341
　　（四）《傳經表》（光緒 30 年孫谿槐廬家塾本）
　　　　 ·· 341
　　（五）《通經表》（光緒 30 年孫谿槐廬家塾本）
　　　　 ·· 342
　　（六）《山海經新校正》（經訓堂叢書本） ···· 342
　　（七）《老子道德經考異》（經訓堂叢書本） 343
　　（八）《晉書地理志新補正》（經訓堂叢書本）
　　　　 ·· 343
　　（九）《說文解字舊音》（經訓堂叢書本） ···· 344
　　（十）《夏小正考注》（經訓堂叢書本） 344
　　（十一）《經典文字辨證書》（經訓堂叢書本）
　　　　 ·· 345
　　（十二）《墨子》（經訓堂叢書本） ··············· 345
　　（十三）《音同義異辨》（經訓堂叢書本） ···· 346
　　（十四）《三輔黃圖》（經訓堂叢書本） ········ 346
　　（十五）《王隱晉書地道記》（經訓堂叢書本）
　　　　 ·· 347
　　（十六）《晉太康三年地記》（經訓堂叢書本）
　　　　 ·· 347
　　（十七）《中州金石記》（經訓堂叢書本） ···· 348

（十八）《長安志》（經訓堂叢書本）………… 348

（十九）《晏子春秋》（經訓堂叢書本）……… 349

（二十）《呂氏春秋》（經訓堂叢書本）……… 349

（廿一）《釋名疏證》（經訓堂叢書本）……… 350

（廿二）《篆字釋名疏證》（經訓堂叢書本）·350

（廿三）《經訓堂法帖》 ………………… 351

（廿四）《靈巖山人詩集》（清嘉慶四年畢氏經
訓堂刻本）………………… 351

（廿五）《秦漢瓦當圖》（清光緒10年刊本）352

（廿六）《續資治通鑑》（清嘉慶六年馮集梧等
遞刻影本）……………… 352

（廿七）《湖北金石詩》（哈佛燕京圖書館藏抄
本）………………… 353

（廿八）《山左金石志》（清嘉慶二年阮氏小琅
嬛僊館刻本）………………… 353

（廿九）《靈巖山館文鈔》（清抄本）………… 354

表　次

表一：《說文解字舊音》勘誤表 ………………… 94

表二：《關中金石記》金石朝代統計表 ………… 146

表三：《關中金石記》金石種類統計表 ………… 147

表四：《關中金石記》金石種類細目統計表 …… 147

表五：《中州金石記》金石朝代統計表 ………… 175

表六：《中州金石記》金石種類統計表 ………… 176

表七：《秦漢瓦當圖》瓦當紀錄表 ……………… 226

表八：《經訓堂法帖》朝代統計表 ……………… 237

表九：《經訓堂法帖》文體統計表 ……………… 238

表十：《經訓堂法帖》目錄表 …………………… 239

表十一：《釋名疏證》作者之各家說法統整表 … 266

表十二：《釋名疏證》引用書證次數表 ………… 273

表十三：《釋名疏證》字數統計表 ……………… 274

第一章 緒 論

　　撰寫學術論文，每位作者的目的不一，有的人是爲了釐清問題，找出答案；有的人是爲了整理歧見，尋出共識；有的人是爲了勾沉軼聞，還求原貌；有些人是爲了整飭謬說，給予眞相。無論何種目的，都是在尋求學術的眞理，探求知識的深淵，希望在學術史當中，成就一番事業。以下將詳細說明本論文的研究動機、範圍、方法，並且仔細蒐羅前人研究，將範圍鎖定於兩岸三地，進一步對它們做精實的述評。最後，對畢沅的各類著作都詳加分析，並特別著力於小學類作品，冀求能夠對畢沅生平及其小學成果做較全面且深入的研究。

第一節　研究動機

　　在二十一世紀的今時今日，科技發達，電腦與網路進步的速度豈只是日新月異，幾乎每分每秒都有最新的資訊誕生，許多的知識已不再僅是存在於書面上，更多的是在網路空間中，而這些資訊可能是難以想像的巨大。若是要將世界上所有能夠儲存、流通的資料都定出個數字，在 2007 年，根據南加大安納堡傳播學院的希爾伯特（Martin Hilbert）教授計算，「全世界儲存了超過 300EB 的資料……把這件事講得更像人話一點：如果把一部電影壓成數位檔，大約大小就是 1GB（gigabyte）；而 1EB 就是十億 GB。總之，就是很多很多就對了」〔註1〕。十年前的資訊已是如此龐大，何況在十年後的今天，

〔註 1〕〔美〕麥爾荀伯格、庫基耶著；林俊宏譯：《大數據》（臺北：遠見天下文化，2013 年 5 月），頁 17。

人手一隻智慧型手機，資訊的傳播與複製又更加的便利。希爾伯特（Martin Hilbert）教授更推估說：

> 到了 2013 年，全球資料量大概是 1200EB……這個資料量大到難以想像，如果印成書，堆在美國表面，能夠鋪上五十二層；如果燒成 CD 再疊起來，可以分成五疊、一路堆到月球。在西元前三世紀，埃及托勒密二世希望能夠將世上所有的文字作品都保留一份，於是造就偉大的亞歷山大圖書館，是當時世界上所有知識的總和。現今席捲全球的數位浪潮，相當於是讓每個現代人，都擁有三百二十座亞歷山大圖書館的資料量。〔註 2〕

正因爲資料眾多且複雜，而每個人都能夠快速的獲得資訊，許多看似傳統而舊有的學問，也就容易被忽略掉，尤其是國學，在當代講究功利主義的氛圍下，更是被許多人輕視，「科技不行，尚可外求，文化與文學乃我立國精神，而不可求之於外人者」〔註 3〕，諸多學科中，可向外取經的不少，師法西方，但維繫傳統文化的責任，當是要倚靠自家人。身爲當代的中文人，自然有兼負起重拾傳統文化的責任。上溯國學之根基，在清代已墊下許多重要的基礎，因爲那是一個學術密切發展的朝代，不論是傳統的經學、文學、史學、哲學、小學，皆有了許多突破性的成果，而且，受到歐美列強的軍事衝擊與嶄新的科學觀念傳入影響之下，整體文化程度提升了不少。在國學的各種學問當中，傳統文字學的發展是相當迅速的，誠如張其昀所說：

> 清代是傳統文字學臻於極盛的時期，傳統文字學在各個方面都取得了可觀的成就。在這個時期，誕生了我國第一部官修的權威字典《康熙字典》，《爾雅》一派字書得到了進一步的充實和研究，產生出專門輯集散佚字書的著作，「說文學」得以建立並取得了極其輝煌的成就。在這個時期，對器銘、石刻等類古文字的考釋形成了高潮，名家輩出；「說文學」之外的文字形、音、義的一般性研究也在繼續著。對異族文字用漢字進行系統性的音義注釋，則是這一時期文字學的一個獨特之處。在這些方面之中，「說文學」之成就最爲突出。〔註 4〕

〔註 2〕〔美〕麥爾荀伯格、庫基耶著；林俊宏譯：《大數據》，頁 18。
〔註 3〕陳新雄、曾榮汾著：《文字學·自序》（臺北：五南圖書公司，2010 年 9 月）。
〔註 4〕張其昀：《中國文字學史》（南京：江蘇教育出版社，1994 年 6 月），頁 183。

的確，康熙皇帝以九五之尊下詔制定《康熙字典》，用國家的力量，集合朝廷中的碩儒們，成就清代文字學的重要成果，而《爾雅》系的字書，如《別雅》、《比雅》、《拾雅》、《疊雅》、《說雅》、《毛雅》、《選雅》等，更是如雨後春筍般不斷冒出，豐富了這一系的研究。器銘、石刻等的金石學，也隨甲骨文的出土，而漸攀上了高峰。此外，清代文字學最具發展性，也最有代表性的便是《說文》學，「說文四大家」段玉裁、王筠、桂馥、朱駿聲等人的成就，更是爲《說文》的研究向前邁了一大步，究其原因，張其昀說：

> 清代「說文學」之極發達是有其原因的。由明、清之際的顧炎武肇其端，治經側重考證，弘揚樸學精神。樸學亦即漢學，其要義在于：以經世致用爲目的，以考據爲津梁。至惠棟、戴震，樸學旗幟遂大張，由宋代至元、明二代籠罩學術領域的空談義理的宋學風氣被掃清了。樸學大振使得語言學領域的研究得到了深入的發展。首先在上古音方面，其次在聲訓研究方面，取得了突破性的巨大成就。受音韵學和訓詁學的巨大影響，文字學的大發展是勢在必然。戴震最先將樸學精神貫徹到文字學領域。其後，文字學家們努力克服戴侗、楊桓等前人好師心臆造的學風，他們尊重文字本身，深刻地發掘其形、音、義關係。他們重視踏實的考據，無徵不信，實事求是。他們取得巨大成功，這正是主要原因。〔註5〕

學術風氣由宋、元、明三代重視義理之學，一些俗鄙的學者，空談心性，妄自解說，缺少了具體的證據，顯得空泛而無所由，但自亭林先生始，開始注重考證，讓證據說話，所以經由一段時間的發展，考據之學在乾嘉時期發展鼎盛，世稱之爲「樸學」，而「小學」即爲樸學的具體成果之一。除了學術自然的演進與發展外，還有一個重要的因素，使得「小學」大興，張其昀又說：

> 滿清統治者大興文字獄，學者們「避席畏聞文字獄，著書都爲稻粱謀」（龔自珍《詠史》）要著書，最安全的是跟政治關係不大密切的語言學和文字學之書。〔註6〕

理想上，學術不應有政治介入，該以專業論專業，方能有客觀的看法與一致的標準，但是，學術環境是否良好，又須仰賴政治的平和，以及充分的經費

〔註5〕張其昀：《中國文字學史》，頁183～184。
〔註6〕張其昀：《中國文字學史》，頁184。

支援，所以要能夠在學術研究上有所成就，自當必須有良好的政治環境，甚至學者自身若能夠擁有穩定的政治地位，更能順利地從事研究。小學三類中，文字、聲韻、訓詁各有難處，能通其一就已是了不得的成就，能兼乎三者的學者，更是不易。許師錟輝在接受北京大學歷史系葉純芳教授訪問時，曾經提到未來的文字學研究方向：

> 將來文字學的研究方向，老師認為跨領域的統合研究，是未來的趨勢。因為文字學只是研究工具，若不朝文化面落實，不僅沒有根，也無法維持長久。〔註7〕

因為中國文字學已是一項具有相當成果的專家學問，擁有上千年的歷史，現代的研究者，要能夠超越前人成就，實屬不易，但正因為有諸多先聖前賢已絮下了豐厚的基礎，所以我們往往能夠站在巨人的肩膀上，探索更多從前學者所無法觸及的要處，甚至研究這些古人們的成果，藉由他們的研究，讓我們能夠了解更多古代的學問與知識。要能夠為中國文字學持續灌入新活水，就必須是「跨領域的統合研究」，論及文字時，最好能夠兼攝聲韻、訓詁相關問題；研究聲韻時，文字、訓詁又能融合於其中；探討訓詁時，文字、聲韻更是基石，不可偏廢。是故，本論文欲自清代歷史中，尋覓一位鴻儒，他的學問深厚，興趣廣泛，對於國學的各種層面，都有不容小覷的成就。

　　畢沅，是乾嘉時期著名的學者，也是當代重要的政治家，他著作等身，且多收錄於《經訓堂叢書》。此叢書中，共有二十二本書籍，一百七十卷，當中的研究包羅萬象，有文字學、訓詁學、金石學、文獻學、地理學、方志學、史學等等，大多的研究者，對於他的史學研究記憶較深刻，卻忽略了他的小學成就，所以本論文欲仔細觀察畢沅的所有著作，並集中關注在他的小學論著上，將他對於小學的個人創見，析分而出，作為後出學者的墊腳石。此外，本論文也將綜合諸多關於畢沅的研究資料，將歷來學者對其之生平紀錄，合併並校定，確認完整的畢沅生平大事及著作，力求點點兼攝外，更能面面俱到，以補足今日對於畢沅認識的不足，並希冀後代對畢沅學說有興趣的學者們，能以本研究，將學術歷史補足、補密、補齊，而為學術史或是清代史，再釀造出更多豐碩的成果。

〔註7〕許師錟輝口述，訪問、撰文者為葉純芳，故此處稱「老師」乃指「許師錟輝」。林慶彰主編；何淑蘋編輯：《當代臺灣經學人物第一輯》（臺北：萬卷樓圖書公司，2015年8月），頁34。

第二節　研究範圍與方法

　　本論文題目定為「畢沅及其小學研究」，要對畢沅這個人的思想、著作有進一步的研究，首先，必須要將其家世的發展釐清，然後對於他身邊那些關係密切的人，無論是父母、子女、妻妾、師徒、親友、同僚等，皆從相關的文獻記載來觀察他們與畢沅的關係，因為一個人的思想，必定多少會受到身邊的家人、朋友的影響，與他的創作牽涉緊密，所以本論文將先以畢沅這一生所有發生過的事蹟，還有那些與他的生命歷程緊密相連的家人、師長、朋友等，都作為對於畢沅此人的研究範圍，唯有如此，才能了解他的創作背景，或是創作的想法之類的重要概念。

　　其次，要釐清的是「小學」的範疇，究竟何謂小學？小學這個詞彙，早見於《說文·敘》：「周禮八歲入小學。」〔註 8〕「今雖有尉律不課，小學不修，莫達其說久矣。」〔註 9〕「孝平帝時，徵禮等百餘人，令說文字未央廷中，以禮為小學元士。」〔註 10〕前者係指學童接受初等教育的場所，後兩者則較相近，皆是泛指文字學。黃侃說：

> 今之所謂小學者，則中國文字、聲韻、訓詁之學也。小學者，即于中國語言文字中研究其正當明確之解釋，藉以推求其正當明確之由來，因而得其正當明確之用法者也。所謂古書之啟鑰，古人之司閽，博乎古而通乎今者悉基於此。或以為小學特能為讀古書作古文之工器，其所見則小也。〔註 11〕

誠如黃氏所言，小學是概括了中國文字、聲韻、訓詁的學問，專門研究語言或文字正確的解釋、由來及用法，是研究古書的重要門徑，更是探幽尋古的重要基礎，若只是將小學當作是讀古書寫古文的工具，那就小看了它。若再進一步的解釋，上溯遠古，下至今日，只要與漢字的形、音、義等研究相關，都可以視為小學，所以包括了古文字學、金石文字學、說文學、六書學、字樣學、古音學、等韻學、近音學、今音學、爾雅學、方言學、詞源學、俗語學、虛字辭例之學等，都是小學的範疇。是故，在文獻上，本論文將以畢沅

〔註 8〕〔東漢〕許慎撰：〔宋〕徐鉉校訂：《說文解字》（北京：中華書局，1963 年12 月），頁 320。

〔註 9〕同上注。

〔註 10〕同上注。

〔註 11〕黃侃述、黃焯編：《文字聲韻訓詁筆記》（臺北：木鐸出版社，1983 年 9 月），頁 1。

小學類〔註12〕著作為主要的研究範圍，對這些相關的書籍，析分毫釐，挑揀出畢沅在撰著時的動機與用心，且由其編纂的著作當中，可以理解其對於各種學科的見解。

此外，關於本論文的研究方法主要有三：

第一、文獻分析法。

因為畢沅的著作眾多，且多傳世可見，收錄於《經訓堂叢書》之中，所以必須先將《經訓堂叢書》中畢沅的著作，以及其他未收入於該叢書之著作，通通搜集起來，再以學科的種類區分，進而將各類著作先個別分析，探究其內容的各種可能性，然後將其中於各種學科的珍貴概念整理出來，以明其著作之優缺點、價值。這個方法的重點會是在「廣泛收集、深入探索」。

第二、文獻比較法。

藉由第一個文獻分析法這種單一著作的深入分析所產生的研究成果，與其他作者所撰之類型相似的書籍比較，觀看其中之異同，看是否會有近似的寫作用心，或是其實差異甚大，當然這有可能是因著寫作的目的不同，或是編排的方式迥異，所以有了各式的變化，讓二者產生了不一樣的結果，不論如何，在在都會是考量的因素；再者，與類型相異的書籍比較，也許在整體的分類看來並不一致，可是當細部分析後，二者可能會有相同的成果，或是類似的概念。這個方法的重點是在「縱橫交錯，比較歧同」。

第三、歷史研究法。

除畢沅的著作外，其生平為本論文探討的重要範圍，從其先祖開始，乃至畢沅以降，對其一生的發展，作全面性的整理與討論。要了解一個古人，勢必要站在歷史的宏觀角度，所以要以歷史研究法，有系統的蒐集史料，首以畢沅自己的話語紀錄為主要史料，再用與畢沅生活相關的幕賓、朋友、親

〔註12〕本論文題為「畢沅生平及其小學研究」，以「小學」作為概括性的統稱，第三、四、五章分別為文字學、金石學、訓詁學。第三章文字學包括了狹義以字形為主的文字學、說文學、字樣學；第四章金石學是個範圍甚廣的學說，金石學不等於文字學，但刻在金、石上的文字，就與文字學密不可分，所以也包括在研究範圍中；第五章訓詁學，則是將著重「釋義」的書籍置於此章探討。小學三類文字、聲韻、訓詁，何以畢沅的小學研究獨缺聲韻？聲韻係研究「音」的學問，乃因畢沅並無直接對「音」有著作以闡述其聲韻學理論，其對聲韻的探討，多為其他學說論述時的附帶，比如《說文解字舊音》論及音學，但該書研究重心屬於說文學、文獻學的範疇。正因為如此，所以沒有單列「聲韻學」為專章。

人或生存時代接近的清人筆記爲次要史料。藉助這些史料，盡可能地描述出接近畢沅生活的樣貌，方能進一步了解他的生平事蹟。這個方法的重點是在「旁徵博引，以史爲證」。

綜合以上，本論文係用「文獻分析法」、「文獻比較法」、「歷史研究法」三種具體的方法，研究畢沅的各式著作。雖然畢沅早已不在人世，但他所遺留下來的這些作品，都會代替他來發言，只是這些「言論」，必須藉由本論文的深入研究，方能夠一一浮現，才不會隨著畢沅的離開，而成爲一種永遠的遺憾。畢竟，一個人的生命雖然有限，但其曾經做過的事，或是說過的話，都會成爲歷史的一部分，而且將會流傳永久。

第三節　前人研究之述評

清代的學術發展發達，乾嘉時期樸學大興，考據之學尤其興盛。當中，畢沅是一位相當知名的人物。對於畢沅的研究，本論文嘗試全面地搜集海峽兩岸三地諸位學者的論著，無論是期刊專文，或是學術論文，尤其較具代表性的著作與作者，檢視該著作或作者之重要貢獻，試圖藉由釐清前人研究，以廓清當前畢沅研究的現況，方能在前賢學者的肩膀上，再進一步做深入的探討、更全面的研究，以補足前人可能的不足，亦明畢氏之學術貢獻。

一、大陸地區

與「畢沅」相關的論文，約有上萬篇，在數量上而言，是相當可觀的，不過內容參差不齊，水準不一。進一步分類，可概分爲生平、交流、書畫收藏、金石學、訓詁學、史學、子書注解、山海經、小學、文學、經學、方志學及地理學，一共十三類。再就這些論文，仔細地逐步檢視，眞正專門地研究畢沅之著作，較深入析介其學術成就者，有以下幾位：

（一）韓先艷

韓先艷爲蘭州大學的碩士，其論著《生前幕府三千士，死後名山萬卷書——畢沅幕府及其學術成就》，分爲三大章，分別是第一章、畢沅成學與仕履，第二章、畢沅幕府，第三章、畢沅幕府的學術成就。第一章先介紹了畢沅的求學過程和宦旅的經過。第二章則是依詢著畢沅出仕到各地點，將其幕府分爲陝西、河南和湖北三個時期，並且介紹了各個地方幕府的情況。主要

的論述在第三章，包含了四小節，經學類、史部類、諸子類、詩歌創作，重心放在敘述史部和諸子二類，其他只是簡單地敘述。總的來說，係針對畢沅的生平以及較著名的作品做概論性的探討，內容寫得較簡略，所以僅有 64 頁。不過，這本論文整理了一個重要的研究材料——《畢沅幕府一覽表》〔註 13〕，將各文獻中所載關於畢沅的幕賓，按其入幕時間排列，共列入五十一位，是研究畢沅幕府相當重要的參考資料。

（二）劉維波

劉維波爲陝西師範大學的碩士，其論著《畢沅與金石學研究——以《關中金石記》爲中心》，分爲上、中、下三編。上編寫的是畢沅的生平與學術成就，屬於較概述性的生平述論；中編寫畢沅與金石學的相關研究，分作三節細論，包括畢沅對金石的搜訪與金石學著作的編纂、《關中金石記》研究、《關中金石記》畢沅跋尾考辨舉例，因著題目的取捨，重心放在《關中金石記》一書上；下編寫畢沅與西安碑林的關係，包括他巡撫陝西時整修碑林，並將碑林的藏石與《關中金石記》所著錄的各個時代石刻相比較。綜合以上三編，此論文爬梳了畢沅的金石學論著及相關概念，可資參較。〔註 14〕

（三）李金華

李金華是天津南開大學的博士，其論著《畢沅及其幕府的史學成就》，分爲七章。第一章、畢沅的生平及其幕府，考論了畢沅的生平重要大事及介紹了他的幕府與幕賓；第二章、畢沅幕府修史的時代意義和侷限性，從乾隆盛世的史學發展結構與幕府修史等方面切入，進而論及畢沅幕府修史的時代意義與限制，受限於材料或是方法等，有其不易克服的困難點；第三章、史書的編纂，對於畢沅及幕府的兩本重要著作——《續資治通鑒》、《史籍考》詳細分析，從編纂的動機、體例，到過程的考究，並且歸納出兩本史書的成就及不足，中允地分析了其史學價值；第四章、方志的編修和整理，因著畢沅爲官的三個時期，分別在不同的地方編纂方志，像是《西安府志》、《湖北通志》，另外也修訂了《長安志》、《三輔黃圖》等，對於畢沅在方志學的用心與貢獻，分析得頗爲公允；第五章、金石著作的編纂，畢沅幕府有四部著作

〔註 13〕 詳參韓先艷撰：《生前幕府三千士，死後名山萬卷書——畢沅幕府及其學術成就》（蘭州：蘭州大學中國古典文獻學碩士論文，2007 年 6 月），頁 48～55。
〔註 14〕 詳參劉維波撰：《畢沅與金石學研究——以《關中金石記》爲中心》（陝西：陝西師範大學歷史文獻學所碩士論文，2009 年 5 月）。

《關中金石記》、《中州金石記》、《山左金石志》、《湖北金石詩》，為金石學的重要文獻，概略地提及其內容及價值；第六章、地理典籍的纂修和整理，計有《關中勝蹟圖志》、《山海經新校正》、《晉書・地理志新補正》、《晉太康三年地志》、《晉書地道志》五本書，李氏略述了五本書的成就；第七章、畢沅及其幕府的其他成就，則是將他們對於小學、經學、詩集等的成就與價值略述。總的而言，因為是歷史學論文，重心置於史料的價值與史學的判讀，第三、四章是其較精華的內容，其他部分雖亦有論述，不若其前處精彩，且受限於主題設定的範圍，對於小學或是經學的論述也就簡略許多，是比較可惜的地方。

二、香港地區

在香港，對於畢沅有進一步研究者是陳雅飛博士，其畢業於香港中文大學藝術系，主要研究清代書法史和香港藝術史，曾撰寫了〈乾隆年間的畢沅幕府及其書法活動〉、〈畢沅、畢瀧家世生平考〉、〈科場・幕府・經訓堂——畢沅與王文治的翰墨緣（上）〉、〈科場・幕府・經訓堂——畢沅與王文治的翰墨緣（下）〉、〈畢沅書畫鑒藏芻議（上）——收藏篇〉、〈畢沅書畫鑒藏芻議（下）——鑒賞篇〉、〈畢沅幕府書家群概論〉、〈乾嘉幕府的碑帖風尚——以錢泳為視角〉等多篇相關論文，這些論文皆為香港中文大學藝術系「乾嘉幕府書法研究」計畫的成果。〈畢沅、畢瀧家世生平考〉對於畢氏的傳承研究地相當仔細，其所見之文獻廣泛，再加上分析清楚，寫得精當。其他的文章，因著陳氏之專業，著重畢沅於藝術史上的成就，不論是他的收藏品、鑑賞力、書法活動等，都是不失水準的佳作，給予藝術研究者相當好的借鏡。

三、臺灣地區

在臺灣對於畢沅的研究，經查考相關的論文，僅有劉漢〈清代兩才子均因風流機運得狀元（畢沅、蔡啓僔）〉〔註15〕、殷志強〈畢沅藏玉賞析〉〔註16〕、林久貴〈清代學者型官員畢沅——生前幕府三千士，死後名山萬卷書〉〔註17〕、

〔註15〕詳參劉漢撰：〈清代兩才子均因風流機運得種狀元〉，《民主憲政》（1973 年 3 月）。
〔註16〕詳參殷志強著：〈畢沅藏玉賞析〉，《龍語文物藝術》（1992 年 4 月）。
〔註17〕詳參林久貴撰：〈清代學者型官員畢沅——生前幕府三千士，死後名山萬卷

鄒濬智〈清‧畢沅訓《山海經‧山經‧中次五經》「麻石」當爲「珡石」之補證〉〔註18〕、侯米玲〈畢沅與畢瀧的書畫船〉〔註19〕、柯秉芳〈畢沅《山海經新校正》之貢獻、缺失及其影響〉〔註20〕六篇期刊論文，以及淡江大學中文系碩士魏淑雯《《山海經》圖文及其現代運用研究》〔註21〕一篇學位論文。

　　魏淑雯該文，偏重於《山海經》專書的探討以及該書的現代化運用，包括小說、戲劇、繪畫、攝影、電玩等方面，對於畢沅的直接關聯性甚小。柯秉芳之文，則是先簡介畢沅生平背景，而後從考論篇目及圖、文字字義、山名水道三方面著手，著重在畢沅校正《山海經》的具體影響上。鄒濬智之文，係針對畢沅釋麻爲珡之說討論，以傳世文獻以及出土文獻等說法來補強畢沅之說，算是對畢沅的《山海經新校正》作了有力的佐證。除了這三篇與《山海經》相關的文章外，劉漢該文提及畢沅與李桂官之間的佚事，寫得像是極短篇小說，將兩人的韻事說得仔細；林久貴之文，則是概說畢沅生平事蹟。劉漢與林久貴兩人之作，皆是屬於較泛論的說明，對於深入研究畢沅學術之意義不大。殷志強之文，乃是對於畢沅的四項收藏品——「三孔玉刀」、「縮髮玉冠」、「翡翠朝珠」、「福祿壽白玉帶」仔細地分析，由古物鑒賞的角度，帶領讀者認識此四件重要的文物。最值得一提的乃是侯米玲〈畢沅與畢瀧的書畫船〉，此文係探討畢沅與其弟畢瀧在書畫收藏上的貢獻，分別從兩人收藏的數量與特色、收藏習慣、彼此收藏的互動、與王文治等其他收藏家的互動等處而論，且據許多文獻，將畢沅與畢瀧的收藏事業作了年表，詳細載錄二者的收藏行爲與事業。侯氏此文對於研究畢沅的最大幫助是在於該文附錄，先將畢沅與畢瀧二人所有的收藏印以表格列出，總計畢沅有二十四個方印，畢瀧有五十三個方印，而後，侯氏整理了畢沅的收藏品一覽表，該表將畢氏兄弟二人今日可知的二百二十九件收藏品名一一列出，表中有序號、記載出處以及頁碼、品名、主要收藏印四欄，在收藏印該欄，還將歷來的收藏

書〉，《中國文化月刊》（2001 年 8 月第 257 期）。

〔註18〕詳參鄒濬智撰：〈清‧畢沅訓《山海經‧山經‧中次五經》「石」當爲「珡石」之補證〉，《遠東通識學報》（2011 年 7 月第 5 卷第 2 期）。

〔註19〕詳參侯米玲撰：〈畢沅與畢瀧的書畫船〉，《史物論壇》第 13 期（2011 年 12 月）。

〔註20〕詳參柯秉芳撰：〈畢沅《山海經新校正》之貢獻、缺失及其影響〉，《有鳳初鳴年刊》第九期（2013 年 7 月）。

〔註21〕詳參魏淑雯撰：《《山海經》圖文及其現代運用研究》（臺北：淡江大學中國文學學系碩士論文，2012 年 6 月）。

家一併列出，是對於他們的書畫收藏非常重要的參考資料。不過，侯氏的研究領域，近似於香港的陳雅飛，因侯氏是國立臺灣師範大學美術史的碩士，所以其文章亦針對畢沅的收藏品而論，其他面向皆鮮少觸及。

就整體的畢沅研究而論，這七篇論文範圍不一，論述的焦點亦較集中，僅能作為單項議題的探討，包括《山海經新校正》、書畫收藏、生平佚事三方面，其他畢沅的著作都甚少論及，更遑論對於其小學之研究。

大陸對於畢沅的相關研究及文章較多，無論是關注的範圍大小或遠近，都具有相當規模，但研究者雖眾，他們對於畢沅的小學相關論述卻不夠深入，大多僅是概括論及其價值，缺乏了進一步了解，也少了許多研究的可能。香港的陳雅飛研究雖然較精細，但因其是藝術背景，著重在藝術史的價值、成就探討上居多，對於畢沅的小學相關論述亦無談及。相較於大陸、香港，臺灣的研究少，論及的點不夠，面亦不廣，雖於部分領域可資參考，但對於畢沅小學的探討，幾乎是無，相當可惜。是故，本論文將全面地從畢沅的一生開始談起，接著，針對畢沅的不同類型著作爬梳，將他對於學術史上的各種面向都涵攝。最重要的是，會將研究重心放在其小學相關論著，從各種角度、面向切入，尤其是著重於字形、字義的分析，發掘畢沅於學術史上的價值，更廓清其於清代歷史上的重要地位。

第二章　畢沅之生平與著作

　　畢沅是清朝乾隆時期重要的大臣、學者，對於其記載，可見於正史——《清史稿》之中，其本傳見於〈卷三百三十二·列傳一百十九〉，敘述了畢沅自乾隆十八年（1753 年）中舉、二十五年（1760 年）考上進士後，一路的仕途過程及生平大要，而其他如《清史列傳》、《碑傳集》、《潛研堂文集》、《更生齋文甲集》、《清代學者象傳》、《清朝先正事略》、《國朝耆獻類徵初編》、《國朝詩人徵略》、《國朝書畫家筆錄》、《皇清書史》、《清代七百名人傳》、《清代軼聞》、《清代名人軼事》等古今文獻，也都記錄了不少關於他的生平事蹟，甚至有些稗官野史描述了其不為世人所知的一面，也算是為他豐富的一生，增添許多傳奇的色彩。畢沅的門生史善長則編有《弇山畢公年譜》，以編年體的方式，詳細記錄了畢沅求學、仕宦等過程與大事。以下即就所見文獻，依「家世背景」、「官旅仕途」、「幕府交遊」、「著作述論」、「軼事奇談」五節，逐步細介畢沅其人及相關著作。

第一節　家世背景

　　畢沅，字纕蘅，一字秋帆、秋颿，〔註1〕，號靈巖山人〔註2〕、弇山〔註3〕、

〔註 1〕　〔清〕趙爾巽等撰：《清史稿，卷三百三十二》（臺北：鼎文書局，1981 年 9 月），頁 10976。關於畢沅「字號」之「字」，《清史稿》與《碑傳集》、《潛研堂文集》均作「纕蘅」，其他尚有「湘衡」、「湘蘅」、「纕衡」等音同的異體寫法，依序參楊廷福、楊同甫：《清人室名別稱字號索引》（上海：上海古籍出版社，2001 年 12 月），頁 581；葉子著：《中國歷代收藏家圖表》（上海：中西書局，2013 年 1 月），頁 226；楊廷福、楊同甫著：《清人室名別稱字號

弇山畢公〔註4〕，又名「潮生」〔註5〕。其於雍正八年（1730年）八月十八日
未時生於江蘇省太倉州鎮洋縣（今江蘇省太倉市）之西關賣秧橋的榮慶堂，
是清代著名的狀元、學者、政治人物及官員，著作等身，收藏豐厚，在文學、
史學、文字學、金石學、訓詁學、經學、方志學、地理學等各式學問，皆有
涉獵，且頗富盛名。嘉慶二年（1797年）七月三日丑時，因為病重而卒於辰
州的行館，臨終前手寫了遺疏。

　　關於畢沅的樣貌，除可參《清代學者象傳》之繪像外〔註6〕，其門人史
善長曾如此描繪：「公長身偉幹，豐頤而廣，顙疏眉目，容止咸重，望若天
人。」〔註7〕，《批本隨園詩話》亦載云：「畢秋帆高身長面，類山東人。」
〔註8〕據史善長及《批本》之說，可見畢沅身材高大，臉頰豐厚，前庭飽滿，
相貌堂堂，氣宇軒昂，不僅內在是經綸滿腹，外在亦是非凡。

一、姓名字號

　　畢沅名「沅」之由來未有定說〔註9〕，但就畢沅四位弟妹分別名為「瀧」、

索引》，頁581。此外，《碑傳集》、《潛研堂文集》、《國朝書畫家筆錄》、《清代
學人錄》等書，則云畢沅一字「秋帆」、「秋颿」，依序參〔清〕錢儀吉纂：《碑
傳集・兵部尚書都察院右都御史湖廣總督贈太子太保畢公沅神道碑》第6冊
（北京：中華書局，1993年），頁2098；〔清〕錢大昕著：《潛研堂文集・卷
四十二・太子太保兵部尚書湖廣總督世襲二等輕車都都尉畢公墓誌銘》（臺
北：臺灣商務印書館，1968年）；〔清〕竇鎮編：《國朝書畫家筆錄》（臺北：
文史哲出版社，1976年5月），頁237；李春光著：《清代學人錄》（瀋陽：遼
寧出版社，2002年5月），頁106。又如《清代學者象傳》、《中國狀元大典》
等書，以為「秋帆」為畢沅之「號」，參番禺葉氏編印：《清代學者象傳》（臺
北：文海出版社，1969年7月），頁214；毛佩琦主編：《中國狀元大典》（昆
明：雲南人民出版社，1999年6月），頁216。

〔註2〕〔清〕錢大昕著：《潛研堂文集・卷四十二・太子太保兵部尚書湖廣總督世襲
二等輕車都都尉畢公墓誌銘》。

〔註3〕葉子著：《中國歷代收藏家圖表》，頁226。

〔註4〕楊廷福、楊同甫著：《清人室名別稱字號索引》，頁581。

〔註5〕〔清〕史善長編：《弇山畢公年譜》，《乾嘉名儒年譜》第5冊（北京：北京圖
書館出版社，2006年7月），頁466。

〔註6〕參見附錄一。番禺葉氏編印：《清代學者象傳》，頁213

〔註7〕〔清〕史善長編：《弇山畢公年譜》，《乾嘉名儒年譜》第5冊，頁597。

〔註8〕〔清〕畢沅等撰；楊焄點校：《畢沅詩集・樂游聯唱集》，《乾嘉詩文名家叢刊》
（北京：人民文學出版社，2015年1月），頁1130。

〔註9〕有一說係吉常宏等人推論，認為是畢沅「景慕屈原志行高潔，故以『纕衡』
應『沅』」。「沅」字，乃沅江，是屈原在被放逐後，獨自遊吟的地方，見《楚

「澐」，「汾」、「湄」來看，其父母爲子女命「名」，皆喜用「水」部字，尤其是畢沅又名「潮生」，亦是「水」部字。「潮生」之名與其出生的時間、地點有關——鎮洋縣當地的「鄉俗是日滿城仕女至吳淞江觀潮」〔註10〕，他的生日在雍正八年（1730 年）八月十八日，正巧是當地漲大潮的日子，畢沅即曾撰詩記錄此事，其〈六十生朝自壽十首〉之一云：「予生恰值潮生日，花滿天香月滿輪」〔註11〕，所以他的祖父替他起名「潮生」。

　　畢沅自號「靈巖山人」，是因爲青少年時的畢沅，已在家鄉學習一段時間，隨年紀漸長，其對於圍棋、繪畫等皆有興趣，家中長輩擔心他不能專心於學業科考，所以便送他到靈巖山的硯山書堂〔註12〕（也作研山書房或硯石山房）〔註13〕，「稍長讀書靈巖山，從沈文愨公德潛、惠徵君棟游學」〔註14〕，希望他能夠一心向學，專心準備科舉考試。到了晚年，畢沅又搬回了蘇州，「公仕宦日久，太倉舊宅傾圮，丁憂時，移居蘇州，又於靈巖山建御書閣以奉賜書，故自號靈巖山人。」〔註15〕就在靈巖山建了書房來置放御賜之書。正因爲是他的初學之處，也是晚年的書房之地，從此便自號爲靈巖山人。畢沅又號「弇山畢公」，其原因，徐耿華說：

　　　　粉牆黛瓦，前街後河，是明清時期太倉的城市特徵。著名的府第高
　　　　樓有王錫爵的「太師第」，張輔之的「尚書第」，王世貞的「萬卷樓」。
　　　　園林有元代的來鶴園，明代的弇山園、南園、憩園，清代的逸園、

辭・離騷》：「濟沅湘以南征兮，就重華而陳詞」、「解佩纕以結言兮，吾令蹇脩以爲理」、「畦留夷與揭車兮，雜杜衡與芳芷」等句。又據王逸注解，可知纕，帶也，衡，香草也，畢沅字「纕衡」，即是以香草作爲身上的衣帶或裝飾，而香草在《楚辭》常作爲賢臣之喻，所以是其傾羨屈原高潔人格的明證。至於一字「秋帆」，吉常宏等人亦認爲與《九章・涉江》：「乘鄂渚而反顧兮，欸秋冬之緒風」相關。以上詳見吉常宏等著：《古人名字解詁》（北京：語文出版社，2003 年 8 月），頁 171。王逸注《楚辭》諸說則參〔宋〕洪興祖撰：《楚辭補註》（臺北：藝文印書館，2005 年 10 月），頁 40～41、頁 58、頁 215。
〔註10〕陳雅飛撰：〈畢沅、畢瀧家世生平考〉，《歷史檔案》（2011 年第 3 期），頁 52。
〔註11〕〔清〕畢沅著：《靈巖山人詩集・卷三十七・六十生朝自壽十首》，《清代詩文集彙編》第 369 冊（上海：上海古籍出版社，2011 年 1 月），頁 695。
〔註12〕〔清〕史善長編：《弇山畢公年譜》，《乾嘉名儒年譜》第 5 冊，頁 471。
〔註13〕徐耿華著：《三秦史話・學者督撫畢沅》，頁 9。
〔註14〕〔清〕錢大昕著：《潛研堂文集・卷四十二・太子太保兵部尚書湖廣總督世襲二等輕車都都尉畢公墓誌銘》。
〔註15〕〔清〕錢儀吉纂：《碑傳集・兵部尚書都察院右都御史湖廣總督贈太子太保畢公沅神道碑》第 6 冊，頁 2104。

錢氏花園等二十餘個。其中弇山園爲明代著名學者王世貞修築，中
疊三峰，稱之上、中、下三弇，極園亭林木之勝。王世貞將自己的
文集起名爲《弇州山人四部稿》。畢沅也因此自號「弇山」，後學皆
以「弇山畢公」來稱呼他。〔註16〕

如徐氏所言，太倉當地的名園甚多，畢沅依著王世貞「弇山園」之名，作爲
太倉的一種代稱，也當成自己的別號，自此之後，後輩學者也就這麼順著稱
呼畢沅爲「弇山畢公」了。

二、家世傳承

畢沅的家世，依其自述詩云：「吾家老宗系，本是新安分。一遷玉峯麓，
再遷婁江湑」〔註17〕及錢大昕所云：「先世居徽之休寧，明季避地蘇之崑山又
徙太倉州，後析置鎮洋縣，遂占籍焉」〔註18〕可以知道，江蘇太倉的鎮洋畢
家之先祖來自安徽省的休寧縣，在明末時因爲戰亂避禍，而遷徙至太倉，後
來分支散葉，其中一支就安身在鎮洋縣。若再上溯安徽省休寧縣畢氏家族的
來源，據徐耿華所說：

> 南宋紹興年間，畢氏祖先有個名叫畢景鎮（字安邦）的人曾任福建
> 長汀縣令，辭官歸隱後，在安徽休寧創建高椳、翯山、閔口三個農
> 莊，應眾農夫請求，長住閔口莊，其後子孫繁衍，富甲一方。村中
> 有條紅水河，將畢村分爲上畢和下畢。紅水河上有座「和尚橋」，橋
> 頭的畢家官廳（又名花廳），廣廈四鄰，虹貫勾連，爲畢氏婚喪喜慶、
> 接待貴賓的地方。村中有規模宏偉的畢氏宗祠，祠前旗杆墩石林立。
> 因爲當地人認爲狀元畢沅生於下畢的木茶亭，所以祠內懸掛著金碧
> 輝煌的「狀元及第」匾額。〔註19〕

畢村，即今日之新江村，位在休寧縣城東約二十二公里處。畢沅之安徽先
祖，乃是南宋紹興年間的畢景鎮，他在歸隱後遷居至此，並且長居於閔口莊，
子孫繁衍，便漸漸成爲畢村。又據《弇山畢公年譜》所載：

〔註16〕 徐耿華著：《三秦史話·學者督撫畢沅》，頁2。
〔註17〕 〔清〕畢沅著：《靈巖山人詩集·卷二十四·四十生朝自述三首》，《清代詩文
集彙編》第 369 冊，頁 556。
〔註18〕 〔清〕錢大昕著：《潛研堂文集·卷四十二·太子太保兵部尚書湖廣總督世襲
二等輕車都都尉畢公墓誌銘》。
〔註19〕 徐耿華著：《三秦史話·學者督撫畢沅》，頁 1。

蓋公高祖國志公，明崇禎間從休寧卜宅崑山縣東南鄉吳淞江之濱，
今綠葭浜。畢氏先塋在焉。曾祖泰來公（諱祖泰）始遷太倉，大父
見峰公（諱禮），父素菴公（諱鏞）。〔註20〕

崑山畢家首位自安徽省休寧縣畢村遷出的是畢沅的高祖父「畢國志」，他帶
領著家人搬到吳淞江之濱，後來曾祖父「畢祖泰」再遷居到太倉。畢沅的祖
父叫「畢禮」，父親叫「畢鏞」。畢沅是崑山畢家的第五代，對前四代的譜序，
陳雅飛曾有考論說：

畢國志為崑山畢氏第一世，畢祖泰為第二世。畢祖泰是畢國志獨
子，號泰來，太學生，乾隆五十五年因畢沅之貴而獲朝廷追封榮祿
大夫，稱泰來公。妻趙氏，贈一品太夫人。畢祖泰有五子，畢仁、
畢義、畢禮、畢智、畢信，為崑山畢氏的第三世。其中長子、四子
早亡，次子、季子皆貧，三子畢禮（1674～1750 年）是畢沅、畢
瀧的祖父。畢禮字右和（又作幼和），號見峰，歲貢生，後追封榮
祿大夫，稱見峰公，配一品汪太夫人（？～1734 年），副室顧太安
人。汪氏生子畢鏞，因畢鏞自幼多病，畢禮又收一養子畢鑄（本姓
趙）。〔註21〕

據陳氏所言，畢沅的祖父為五兄弟，老大、老四較早就過世了，而老二跟老
夭較窮，唯有排行老三的祖父畢禮生活尚可。畢禮的妻子是汪氏，生下了兒
子畢鏞，收養了一子取名做畢鑄。另有妾顧氏。依此，對崑山畢氏前四世的
傳承有了更詳細的認知。

關於畢沅的妻室，可從其墓的位置看出，南波說：

墓內構築三個相連接的墓壙。畢沅（M1）及其妻汪德（M2）的兩
口棺同居中間一壙，東西長 3.1 米，南北寬 2.22 米。南壙東西長 2.98
米，南北寬 3.34 米，並列放置棺具三口（M3、M4、M5）。北壙為
2.98 米的正方形，放置棺具兩口（M6、M7）……。七口棺具，除
畢沅外均為女性。〔註22〕

除了畢沅是與正室汪德合葬外，其餘五人亦葬在墓壙的南北，應是畢沅的側

〔註20〕〔清〕史善長編：《崑山畢公年譜》，《乾嘉名儒年譜》第 5 冊，頁 465。
〔註21〕陳雅飛撰：〈畢沅、畢瀧家世生平考〉，《歷史檔案》，頁 52。
〔註22〕南波著：〈江蘇吳縣清畢沅墓發掘簡報——十八世紀後期一個官僚地主奢侈腐
朽生活的寫照〉，《文物資料叢刊》1（1977 年 12 月），頁 141。

室,「畢秋帆制府沅祠,舊陸氏水木明瑟園故址,額署弇山宮太保畢公祠堂,懸乾隆五十四年御書福字匾額,中奉公栗主,旁祀公夫人及副室五人……」〔註23〕,所以他一生共有一妻五妾,「一品汪夫人,副室吳太宜人、張太恭人、丁太宜人、戴太宜人、俞太宜人」〔註24〕,其中,正室汪夫人,畢沅曾作了二十二首詩悼念她的早逝,詩前有序文簡述了她的一生,足見其對汪德是疼愛有佳,序云:

> 夫人姓汪氏名德,一名得,字清芬,世居吳郡,先外舅禱嗣黃山夢神,以綠衣女子畀之,是生夫人。年二十歸予。早歲浪游京華,門祚單薄,兩弟幼稺,家業中落,生計且不支,夫人性恭謹,知書而有才識,事太夫人至孝,必誠必敬,所以仰體親心者,無不至迨。予官中翰直機庭,庚辰及第,授職修撰,夫人奉事太夫人,不忍遠離膝下,經營家政,婦代子職者垂十年。癸未夏始攜子椿北上,小住春明間關度隴。己〔註25〕丑四月產後遘危,疾不治,卒于蘭山官社。〔註26〕

汪夫人,姓汪名德,一名得,字清芬,世代居於吳郡,廿歲時入了畢家門,是個知書達理且頗有文才的女子,個性溫順,而且在畢沅早年到外地奮鬥時,她就能夠照顧畢瀧、畢沅,且對婆婆更是孝順,「必誠必敬,所以仰體親心者,無不至迨」。等到畢沅成功考上功名後,出外為官,汪德仍是守著婆婆,替丈夫盡孝甚篤。如此溫順賢良的妻子,卻不幸在兩人結婚近二十年之際,因為「產後遘危」,治療不及而不幸去世,就在畢沅的「蘭山官社」。對於汪德的離世,給予畢沅不小的衝擊,其云:「追想涕零,傷心曷極。昔安仁傷逝之文,元相悼亡之什,古之賢達尚難忘情,矧予多愁,豈能默默。聊成長律,以寫悲悰。發乎情,未必能止乎理義也。」〔註27〕看得出來畢沅的確是痛心疾首,無法忍住這樣的悲傷,所以也不管什麼理義了,將她對汪德的離開、對汪德的思念、對汪德的情感,通通一股腦地書出,直抒胸臆,

〔註23〕李根源輯:《吳郡西山訪古記・卷二・二十八》,《中國西南文獻叢書・二編》第7冊(北京:學苑出版社,2009年9月)。

〔註24〕陳雅飛撰:〈畢沅、畢瀧家世生平考〉,《歷史檔案》,頁53。

〔註25〕祺按:原書作已,應是己之形誤。

〔註26〕〔清〕畢沅著:《靈巖山人詩集・卷二十三・哭先室汪夫人詩二十二首・序》,《清代詩文集彙編》第369冊,頁551~552。

〔註27〕同上注。

感情真切。

　　除了汪德外，畢沅對於第二位側室「張太恭人」，也是用情頗深。張絢霄，字霞城，是三子畢鄂珠的生母，著有《四福堂稿》﹝註28﹞，今有〈敬和靈岩山人惜春詞〉一詩傳世。畢沅在《靈巖山人詩集》中贈予張絢霞五首詩，包括卷三十二〈重經回中山王母宮偶憶翠茗館前碧桃盛開得詩二絕緘寄絢霄〉、〈寄懷琴心絢霄〉、〈綏德道中寄絢霄〉及卷三十九〈六月八日絢霄舉一男名之日鄂珠喜而有作〉與卷四十〈襄陽行館寄懷絢霄〉，對於張氏之疼愛，可見一斑。

　　還有一位側室「周月尊」，字漪香，長洲人，喜好文墨，禮賢下士，著有《詠水香》、《偶成》等詩作，是畢沅在陝西、河南時期常相伴的侍妾。未見於畢家譜序，亦無與畢沅合葬，與畢沅的好友袁枚有往來，兩人曾互寄畫以求對方題詩。﹝註29﹞

三、家庭教育

　　一位成功的人士，不一定是要出身於名門望族，但是能夠成為優秀的學者，往往是因為受過了良好的教育，尤其是家庭教育的重要性，更是不在言下。畢沅的祖父畢禮與父親畢鏞都是「厚德敦行」﹝註30﹞之人，「咸以惇德篤行重於鄉閭」﹝註31﹞德性之優良、品行之敦厚，在鄉里間頗富盛名，但「世德漸淩替，繼葉顯弗振。空存傳家笏，易代貽子孫。高曾事業盡，爲庶爲清門」﹝註32﹞，祖先們的經濟狀況是每況愈下，僅留下傳家寶「笏」﹝註33﹞，代代相傳，於是到了祖父畢禮時，雖然喜好讀書，「大父嗜經籍，晚歲貢成均」﹝註34﹞，但為了維持家計，便棄文從商，「中復業計然，辛苦儕齊民。

﹝註28﹞ 詳參〔清〕徐世昌著；傅卜棠編校《晚晴簃詩話‧卷一百八十五》（上海：華東師範大學出版社，2009年7月），頁1376。

﹝註29﹞ 詳參徐耿華著：《三秦史話‧學者督撫畢沅》，頁128。

﹝註30﹞ 〔清〕錢大昕著：《潛研堂文集‧卷四十二‧太子太保兵部尚書湖廣總督世襲二等輕車都都尉畢公墓誌銘》。

﹝註31﹞ 〔清〕錢儀吉纂：《碑傳集‧兵部尚書都察院右都御史湖廣總督贈太子太保畢公沅神道碑》第6冊，頁2098。

﹝註32﹞ 〔清〕畢沅著：《靈巖山人詩集‧卷二十四‧四十生朝自述三首》，《清代詩文集彙編》第369冊，頁556。

﹝註33﹞ 原注：家藏象笏二，係先代所貽。

﹝註34﹞ 〔清〕畢沅著：《靈巖山人詩集‧卷二十四‧四十生朝自述三首》，《清代詩文集彙編》第369冊，頁556。

經營五十載，家計幸苟完」〔註35〕，於是在畢禮的辛苦經營之下，漸漸恢復了家業。在經商外，畢禮也是相當重視教育，他的品德教育方式往往是以身作則，「夙存利濟念，誓將古處敦。爰舟不惜助，債券隨時焚。生為給衣食，死為營棺墳。散財不望報，澤物寧肥身。仁風扇桑梓，鄉里稱善人」〔註36〕不吝金錢借貸於需要幫助之人，甚至燒掉借據也無所謂，自己只要能夠吃飽穿暖，便已足夠，所以，這樣的嘉行，在當時成為桑梓間的美談，大家都稱畢禮為善人。這樣的觀念深深影響了畢沅。畢鑣是畢禮好不容易才盼到的獨子，「中年育我父，門衰丁又單。哀哀孤生兒，我父旋棄捐」〔註37〕，但畢鑣的身體自幼羸弱，於是畢禮對孫子畢沅從小便悉心照料，「大父攜孤兒，同飧共被眠。寶護比珠玉，愛養如心肝。下筆為文章，一見便喜歡」〔註38〕，將他視為心肝寶貝般的疼愛，也對他有更多的期望，於是在自己「疾入膏肓間」〔註39〕之際，遺言云：「吾宗大衰頹，屬望惟汝焉。」〔註40〕希望自己的孫子畢沅，可以重振家威。年少時的畢沅，其實並不是專心致志於功名之路，而是欣羨游俠之名，「余少好游俠，先大父每禁飭之」〔註41〕，幸虧是祖父禁飭他這樣的想法，才能讓他重返書門。

　　除了祖父畢禮對於畢沅有著極大的期望，給予許多的關懷外，對於畢沅的教育最有影響力的人，非其母親張藻莫屬。據《弇山畢公年譜》所載：

> 前母趙太夫人，母張太夫人諱藻，系出中吳浙江常山令淞南先生德純女孫，貴州印江令笠亭先生之頊女，母顧太恭人，與武林閨秀林以寧、顧姒齊名，時號西泠十子。太夫人幼承母訓，親聞經史大義及古今忠孝廉節事，皆默識其原委。雍正六年少宰黃公叔琳，奉命督修海塘，寓居吳下，與淞南先生同年至契，聞見峰公陰行善事，曰：「其後必昌。」由是締姻。〔註42〕

畢鑣的元配妻子趙氏，乃是曾經擔任過浙江省常山縣令的趙德純（字淞南）

〔註35〕同上注。。

〔註36〕同上注。。

〔註37〕此處我父係指畢沅的父親畢鑣。同上注。

〔註38〕同上注。

〔註39〕同上注。

〔註40〕同上注。

〔註41〕此為〈自述〉詩之一：「不若守一編」句下之原注。〔清〕畢沅著：《靈巖山人詩集・卷二十四・四十生朝自述三首》，《清代詩文集彙編》第369冊，頁556。

〔註42〕〔清〕史善長編：《弇山畢公年譜》，《乾嘉名儒年譜》第5冊，頁465。

孫女，可惜婚後沒多久她就病逝了，這讓趙德純很傷心，也為畢家擔憂。
雍正六年（1728年），趙德純的「至契」好友黃叔琳因公借住在趙家，聽說
了這件事，也知道畢鏞為人良善，便推薦張之頊未出閨的女兒，給他作為
續弦。是年，畢鏞娶了年方二十的張藻，兩年後生下畢沅。外祖父張之頊
曾任貴州省印江縣令，其子張鳳孫，字少儀，康熙庚辰進士，知常山縣，
著有《詩經解頤》、《孔門易緒》等書。張鳳孫也就是畢沅的舅父，是當代
著名的官吏〔註43〕。張藻的父親、兄長均為官，她的母親顧氏才能也不遑
多讓，「與武林閨秀林以寧、顧姒齊名，時號西泠十子」，足見頗有文名。就
在這樣的家庭環境下，張藻有著優秀的家學，「幼承母訓，親聞經史大義及
古今忠孝廉節事，皆默識其原委」，從小就接受良好的教育，讀經學史，培
養良好的懿德，著有《培遠堂詩集》〔註44〕。雍正十三年（1735年）時，
畢沅才六歲，母親張藻便開始親自教導他，據載：

> 公天性穎異，素菴公少羸弱，久謝舉業。見公資稟絕人，私語太夫
> 人曰：『異日亢吾宗者，必此子也。」吾多病，不能自課，君嫻文
> 事，宜嚴督之。太夫人手授《毛詩》、《離騷》，繞一過，輒能覆頌。
> 由是母教益勵。〔註45〕

畢鏞知道兒子天資聰穎，若能好好學習，將來的成就不可限量，但他也了解
自己身體不好，恐無能力再教育畢沅，所以就將這樣的重責大任再交給了張
藻，由她親自督導兒子的學習。於是，她便從《毛詩》、《離騷》開始教起，
畢沅學習能力亦強大，僅授一遍就能再複誦出，所以她更是用力愈來愈深，
教得愈來愈多。畢沅自述母親對他的教育說：

> 口授三百篇，點墨漬淚血。日爾祖爾父，愴焉齎志卒。汝曹弗讀書，
> 何以慰繼述。十年茹荼苦，廿年柏舟節。同胞三弟兄，一一皆授室。

〔註46〕

〔註43〕詳參〔清〕李銘皖等修；〔清〕馮桂芬等纂：《蘇州府志・卷一百一・文苑六・
　　　　二十九》（臺北：成文書局，1970年）。又見〔清〕黎庶昌等修；〔清〕熊其英
　　　　等纂：《青浦縣志・卷十八・人物二》（臺北：成文書局，1970年），頁40。
〔註44〕參見〔清〕蔡殿齊編：《國朝閨閣詩鈔》，《續修四庫全書》第1626冊（上海：
　　　　上海古籍出版社，2002年10月）。
〔註45〕〔清〕史善長編：《弇山畢公年譜》，《乾嘉名儒年譜》第5冊，頁467。
〔註46〕〔清〕畢沅著：《靈巖山人詩集・卷二十四・四十生朝自述三首》，《清代詩文
　　　　集彙編》第369冊，頁556。

由此看出張藻眞是嚴格教育，因爲要對得起畢沅的父親、大父，且不僅是畢沅，他的兩位弟弟也都是由母親親自授業的。十歲時，畢沅開始學做詩，母親講授聲韻之學，待他稍微了解的一、兩年後，再教授《東坡集》。十二歲時，母親讓他出外求學，先拜嘉定的毛商巖先生爲師，在「紅蕉書館」〔註47〕學習，紮根「根柢經術，淵雅深醇，一洗時下側媚之習，里中尊宿如沈光祿起元、顧行人陳堉並老於文，稱爲後來傑起」〔註48〕足見年方十二，畢沅的文才已是傳遍閭里間。十五歲時，畢沅開始創作，寫詩作文，「公所著《靈巖山人詩集》四十四卷存棄始于是年，迄辛未爲《研山怡雲集》四卷時方卒業」〔註49〕其詩作今遍傳於世，詩風「取徑眉山，上溯韓、杜，出入玉谿、樊川之間」〔註50〕，學習蘇軾、韓愈、杜甫、李商隱、杜牧等大家，而其文章亦是「泛覽秦、漢、唐、宋諸大家，窮其正變。蓋甫入文壇，已獨樹一職矣」〔註51〕。概括而言，即是在取法古人外，亦頗具個人特色。十九歲時，畢沅仍居住在硯山書堂，拜入樸學大師惠棟門下〔註52〕，「於時，惠徵君棟，博通諸經，著書數十種，至老彌篤。公叩門請謁，問奇析疑，徵君輒娓娓不倦，由是經學日邃」〔註53〕由老師惠棟那解惑頗豐，使得他的經學日漸精進。二十一歲時，更是與以詩文著稱的沈德潛求教〔註54〕，「長洲沈文慤公德潛，以風雅總持東南海內，翕然宗之。公從之游，每稱公詩有獨往獨來之概公」〔註55〕，讓畢沅在詩文方面的成就更是躍升。二十二歲時，母親張藻對他說：「以讀書期於有用，朱子謂鄉村坐壞人，曷往遊京師且省舅氏，當益擴聞見，由是治任北上」〔註56〕於是就在張藻的建議下，畢沅正式離開家鄉，遠赴京

〔註47〕 參見〔清〕畢沅著：《靈巖山人詩集・卷三・紅蕉書館賦呈紫滄師》，《清代詩文集彙編》第369冊，頁355。畢沅曾寫有《晚春陪毛紫滄商巖先生遊弇園》、《紅蕉書館賦呈紫滄師》二詩給老師毛商巖，詳見《靈巖山人詩集》卷二頁345，卷三頁355。

〔註48〕 〔清〕史善長編：《弇山畢公年譜》，《乾嘉名儒年譜》第5冊，頁468。

〔註49〕 〔清〕史善長編：《弇山畢公年譜》，《乾嘉名儒年譜》第5冊，頁469。

〔註50〕 同上注。

〔註51〕 同上注。

〔註52〕 關於惠棟生平事略，詳見蔡可園纂：《清代七百名人傳》，（臺北：廣文書局，1978年7月），頁1603～1604。

〔註53〕 〔清〕史善長編：《弇山畢公年譜》，《乾嘉名儒年譜》第5冊，頁471。

〔註54〕 關於沈德潛生平事略，詳見蔡可園纂：《清代七百名人傳》，頁1771。

〔註55〕 〔清〕史善長編：《弇山畢公年譜》，《乾嘉名儒年譜》第5冊，頁471。

〔註56〕 〔清〕史善長編：《弇山畢公年譜》，《乾嘉名儒年譜》第5冊，頁472。

師進一步求學。

畢沅年少便屢有名師親炙，給予他非常好的師承與學問，而有名師傾囊相授固然重要，但若不是他的母親張藻，讓他從小擁有良好的家庭教育，給他在詩文、經學等處紮下深厚的根基，那麼他也就沒有辦法在往後的日子裡，日益求精，成為一代著名的學者。畢沅自己非常感念母親的教誨，所以當張藻逝世後，每到她的忌日，一定是痛苦地哭泣，以淚思念她，除此之外，也稟告聖上——他母親的恩德，後來「御賜『經訓克家』四大字。隨於靈巖南麓築樓，以奉御書，旁建張太夫人祠堂，俾子孫毋忘所自」〔註57〕用這樣實際的行動，悼念母親，以展現他無比的思念與孝心。

四、兄弟姐妹

畢鏞與張藻結褵後，共生有三子二女。三子為老大畢沅、老二畢瀧、老三畢澐，二女則為長女畢汾、次女畢湄。以下分述：

（一）畢　瀧

畢瀧（1733～1797 年），字澗飛，號竹癡。清鎮洋（今江蘇太倉）人，畢沅二弟，擅長畫山水及竹，還會寫詩。著有《廣堪齋詩稿》〔註58〕、《竹嶼消夏錄》。〔註59〕又王昶曾為其作傳云：

> 畢瀧，字澗飛，沅弟。少工舉業，應試失利。沅為入貲，例選部郎，
> 意弗屑也。性坦易，工書畫，善賞鑑於古器物及碑刻字畫，輒能別
> 其真。所居曰：廣堪齋，非名人舊物屏勿，禦爐香茗，椀坐竟日。
> 年六十五，病卒。〔註60〕

從此記載可知畢瀧個性坦率直白，而且擅長書畫，尤其是對於自己鑑賞古物、字畫等，很有自信，與兄長畢沅二人，在蒐集古董方面，頗有見地，

〔註57〕〔清〕錢大昕著：《潛研堂文集・卷四十二・太子太保兵部尚書湖廣總督世襲二等輕車都都尉畢公墓誌銘》。

〔註58〕一說此書為畢瀧長子畢耀曾所著，詳參〔清〕王昶等纂修：《嘉慶直隸太倉州志・卷六十五・四十五》，《續修四庫全書》第 696 冊（上海：上海古籍出版社，2002 年 10 月）。

〔註59〕尚恆元、孫安邦主編：《中國人名異稱大辭典》（太原：山西人民出版社，2002年 10 月），頁 481。

〔註60〕〔清〕王昶等纂修：《嘉慶直隸太倉州志・卷三十六・三十三》，《續修四庫全書》第 696 冊。

（二）畢澐

畢澐（1737～1771年），字延青、涵青〔註61〕，號梅泉。畢沅三弟。乾隆二年（1737年）出生，二十四年（1759年）時中舉人，被派任爲德興知縣。在知縣的任上，曾經處理過不少難解的案子，當時「有吳姓兄弟爭產，訟數年不解，澐以一體曉之，遂相持感泣如初」〔註62〕，清官難斷家務事，但他卻能將兩造說服，可見他調解糾紛的能力頗佳。後來被派任到審都，那是介於兩湖之間的地區，一向難以治理，但是他「悉心審斷八閱，月清積案百五十起」〔註63〕，將陳年舊案一併處理，除了斷案能力好之外，想必他是宵衣旰食，勤於公忙。有次，正值米貴，萬物齊漲，身爲地方父母官的他，想要請上級開放常平倉以平衡物價，卻未獲同意，他便四處奔走，請那些有錢人釋放出米糧，這才穩定了物價。這樣任勞任怨，爲民服務的畢澐，卻不幸在乾隆三十六年（1771年）歿於任上。畢沅稱他「詞華眾交仰，才智吾所輸」〔註64〕，除了爲官執政外，還可知他有填詞的才賦。

（三）畢汾

畢汾，字素溪，號繡佛主人。有傳云：

> 畢汾，兩廣總督沅妹，幼能詩，遭父喪，幾滅性。里中有才女、孝女之目。適沈光祿起元侄恭，逾年生子景舒而寡。家無餘貲，食貧茹苦，以十自指自給，奉舅姑，治喪葬，悉一力支持。景舒成立，又親授孫宗約經，平昔釁火時虞，孜孜爲善，卒年六十九。著有《繡佛齋詩草》。〔註65〕

畢汾同母親、妹妹都是鄉里中著名的才女，侍奉父母孝順，也是孝女。丈夫沈恭早逝，於是她得肩負起責任，自食其力，無論奉養公婆，或是處理丈夫的後學，甚至拉拔兒子沈景舒長大，晚年還教授孫子沈宗約經書，是位刻苦自勵，穩重持家的堅強女性，且與人爲善，直至六十九歲才過世，今有著作傳世。

〔註61〕〔清〕王祖畬等纂：《太倉州志》（臺北：成文出版社，1975年），頁1383。

〔註62〕同上注。

〔註63〕〔清〕王祖畬等纂：《太倉州志》，頁1383。

〔註64〕〔清〕畢沅著：《靈巖山人詩集·卷二十七·哭延青三弟》，《清代詩文集彙編》第369冊，頁584。

〔註65〕〔清〕王昶等纂修：《嘉慶直隸太倉州志·卷六十五·四十》，《續修四庫全書》第696冊。

（四）畢　湄

畢湄，字眉士。同姐姐畢汾一樣是位才女。

（五）堂兄弟

畢沅有堂弟畢溥，字逢源，號竹濤。擅長書法。〔註66〕

（六）兄弟情真，姐妹意深

　　畢沅與兄弟姐妹的情感當是相當不錯，其《九日松樹塘登高寄劍飛延青兩弟三首》：「茱萸插鬢頻惆悵，兄弟三人各一方。可念塞垣于役者，酸風嚴雪過重陽。」〔註67〕重陽節要登高，此時便會想起了在異地打拚的兄弟，大家雖然身處四方，但是心中情感仍是相繫，在情感上相繫，在經濟上也不吝資助，「友愛二弟，始終弗替，聞不足，輒俸以濟」〔註68〕，「與竹癡、梅泉兩弟友愛無間」〔註69〕，尤其是對於早逝的三弟延青，畢沅對他充滿了不捨，《哭延青三弟》一詩，便詳細寫出了他見延青於病中的情景：「弟容甚慘戚，徐徐道起居。自從罷官後，鬱鬱心不舒。心病旋嘔血，二豎肆揶揄」〔註70〕，見弟弟愁眉不展，兩人便話家常起來，方知自從他罷官後，心中鬱悶，因著心病，連帶影響了身體，「沈綿歷數旬，百計延醫巫」〔註71〕，遍求良醫或是巫師，也都無力治療，於是在乾隆三十六年（1771年）三月初六日時，畢延青特別找來畢沅，像是交待後事一般，其云：

> 人生如寄耳，苦被名利拘。僅緣五斗米，局促類轅駒。
>
> 今欲謝紅塵，海上探蓬壺。輕身跨雲鶴，寧暇戀妻孥。
>
> 高堂有兩兄，孝養恒歡愉。兄慎弗念弟，弟自樂元虛。
>
> 努力加餐飯，善保千金軀。〔註72〕

說明了他這一身都為了名利所苦，為了生計，常像是動物般，任人使喚，現

〔註66〕尚恆元、孫安邦主編：《中國人名異稱大辭典》，頁482。

〔註67〕〔清〕畢沅著：《靈巖山人詩集・卷二十五・九日松樹塘登高寄劍飛延青兩弟三首》，《清代詩文集彙編》第369冊，頁570。

〔註68〕〔清〕錢儀吉纂：《碑傳集・兵部尚書都察院右都御史湖廣總督贈太子太保畢公沅神道碑》第6冊，頁2103。

〔註69〕〔清〕錢大昕著：《潛研堂文集・卷四十二・太子太保兵部尚書湖廣總督世襲二等輕車都都尉畢公墓誌銘》。

〔註70〕〔清〕畢沅著：《靈巖山人詩集・卷二十七・哭延青三弟》，《清代詩文集彙編》第369冊，頁584。

〔註71〕同上注。

〔註72〕同上注。

在自覺生命走到了盡頭，所以要交待清楚。母親大人就交給兄長們照料、孝順，希望自己離開人世以後，兄長不要掛念，千萬要保重身體。人之將死，其言也善，這些就是他對畢沅最後的話，說完便死去。這讓畢沅痛徹心扉，但也決定要好好地照料畢延青的妻與子，「沙田營數棱，汝婦食無虞。汝子猶吾子，鞠育寧辭劬。矧聞頗聰穎，崢嶸頭角殊」，無論是經濟或是教育上，都將責任自攬，而且對待姪兒，更是視如己出般的對待，「視諸姪如己子」〔註73〕，傾囊相授「督教諸姪，鄉試中式者三人，由諸生拔貢者一人」〔註74〕，頗有成效，不違他對於延青弟的諾言。除了兄弟外，「兩妹早寡，為置產贍其孤甥，俾克有成」，畢沅對於守寡的妹妹二人及外甥們，也是照顧有加。畢沅身為長子，果然具有「兄長如父」的使命感，照顧兄弟姐妹，也一併拔擢自己家的晚輩。後來，他對於幕賓如此禮遇，由此觀之，也就不意外了。

五、子孫後代

弇山畢氏家族之第五代於畢沅後的發展，錢大昕云：

> 子三人，念曾候補員外郎，早沒；次嵩珠，一品廕生，候補員外郎；次鄂珠，候選員外郎。女四人，長適陳暰，次許字秦□□，次許字孔慶鎔，次未許字。孫二人，蘭慶承襲二等輕車都尉，芝祥候選員外郎。曾孫二人。〔註75〕

據此及《弇山畢公年譜》所錄，可知畢沅一生共有三子五女：

（一）長子畢念曾，生於乾隆二十年（1755 年）七月，三十八年（1773 年）娶妻陸氏〔註76〕，卒於四十六年（1781 年）九月，候補員外郎。

（二）次子畢嵩珠，生於乾隆五十年（1785 年）二月，一品廕生，候補員外郎。

〔註73〕〔清〕錢大昕著：《潛研堂文集·卷四十二·太子太保兵部尚書湖廣總督世襲二等輕車都都尉畢公墓誌銘》。

〔註74〕〔清〕錢儀吉纂：《碑傳集·兵部尚書都察院右都御史湖廣總督贈太子太保畢公沅神道碑》第 6 冊，頁 2103。

〔註75〕〔清〕錢大昕著：《潛研堂文集·卷四十二·太子太保兵部尚書湖廣總督世襲二等輕車都尉畢公墓誌銘》。

〔註76〕陸氏為誥封朝議大夫陸寅的女兒，廣西泗城府知府陸受豐的妹妹。參〔清〕史善長編：《弇山畢公年譜》，《乾嘉名儒年譜》第 5 冊，頁 488。

（三）三子畢鄂珠，生於乾隆五十六年（1791 年）六月，候選員外郎。

（四）長女畢智珠〔註77〕，生於乾隆二十九（1764 年）年二月，丈夫爲陳暸。

（五）次女畢還珠，生於乾隆四十八年（1783 年）三月，丈夫爲秦耀曾。

（六）三女畢懷珠，生於乾隆五十五年（1790 年）五月，丈夫爲孔慶鎔〔註78〕。

（七）四女畢琁珠，生於乾隆五十六年（1791 年）六月。

（八）早夭之女畢伊珠，生於乾隆五十二年（1787 年），未滿周歲即夭折〔註79〕。

此外，畢沅在世時，已有二孫：

（一）長孫畢蘭慶，生於乾隆四十一年（1776 年）九月，五十四年（1789 年）八月娶妻曹氏〔註80〕，承襲二等輕車都尉。

（二）次孫畢芝祥，生於乾隆四十三年（1778 年）八月，五十九年（1794 年）十月娶妻汪氏〔註81〕，候選員外郎。

又據王昶《兵部尚書都察院右都御史湖廣總督贈太子太保畢公沅神道碑》，可知畢沅還有曾孫畢永滋與畢景緒，兩人在王氏撰文時，年紀尚幼。

畢沅與其子女相處之情形如何，今日可由《靈巖山人詩集》中窺探一二。當中，據筆者統計畢沅寫予長女畢智珠的詩，計有〈靜寧行館接智珠寄懷丑律喜作七絕四首示之〉、〈得智珠生女之信再疊前韻誌喜〉、〈和智珠秋夜遣懷即次其韻〉、〈送女智珠南歸〉、〈喜智珠來楚〉、〈與智珠夜話〉九首，對於女兒的疼愛，並不亞於兒子，其詩云：「名山促我訂歸期，幸有相依瓊樹枝。伴我著書娛我老，可知生女勝生兒」〔註82〕，因爲女兒智珠頗富文采，與畢

〔註77〕智珠爲其字，本名慧，號蓮汀，別署靜怡主人。畢沅長女，陳觀光之妻，擅長寫詩、繪畫。參尚恆元、孫安邦主編：《中國人名異稱大辭典》，頁 482。

〔註78〕孔慶鎔爲至聖先生孔子第七十三代子孫，世襲封衍聖公。參〔清〕史善長編：《弇山畢公年譜》，《乾嘉名儒年譜》第 5 冊，頁 562。

〔註79〕詳見〔清〕畢沅著：《靈巖山人詩集・卷三十六・伊珠生四月而殤詩》，《清代詩文集彙編》第 369 冊，頁 680。

〔註80〕曹氏爲翰林院侍讀學士廣東學政曹仁虎的女兒。參〔清〕史善長編：《弇山畢公年譜》，《乾嘉名儒年譜》第 5 冊，頁 545。

〔註81〕汪氏爲候選知府汪焭的孫女，太學生汪瑚的女兒。參〔清〕史善長編：《弇山畢公年譜》，《乾嘉名儒年譜》第 5 冊，頁 560。

〔註82〕〔清〕畢沅著：《靈巖山人詩集・卷二十九・靜寧行館接智珠見懷五律喜作七

沅的姐妹畢汾、畢媚都是能夠寫詩的女子,「太夫人二女,長汾、次湄,公女智珠,並能詩,閨門風雅一時」〔註83〕,在當時蔚爲佳話,而且智珠手巧靈活,也擅女紅,「月麗風柔百景宜,翠茗館外乍春熙。遙知學繡停針後,又寫唐人格體詩。」〔註84〕,既會吟詩,更能作針線活,是個才女,也是位令父親相當滿意的女兒。畢沅對智珠疼愛非常。智珠在產下女兒後,曾寫信向父親報告喜訊,畢沅知道後,喜上眉梢,便寫詩慶賀,表示他的關愛,詩云:

> 扃關得展寸箋難,銀漢迢迢夜向闌。料得此時同笑語,偶因憶爾損眠餐。碧霄桂影流雲潔,丹水珠光墮掌塞。今夕玉壺瀲皓景,一規兔魄已全安。〔註85〕

從詩中所述,可以知道畢沅當時身在遠方,並無法馬上與女兒團聚,其所身處之地,甚至連書信的往返,都不甚容易,他猜想,與女兒雖分隔兩地,但一定都對外孫女的到來,感到欣喜。他甚至直言「偶因憶爾損眠餐」,曾經因爲思念智珠,而讓他吃不好、睡不著,父女之情深,溢於言表。畢沅〈送女智珠南歸〉詩云:

> 汴堤柳枝新,束風攪飛絮。女子賦于歸,歸期一何遽。
> 生離悲莫悲,遠別去復去。湛湛碧江波,迢迢芳艸路。
> 拳拳抱寸心,擾擾攖百慮。汝生甫三月,失母誰哺飯。
> 襁褓我提攜,長成我復顧。汝兄痛早逝,弟妹尚童孺。
> 弱息怕零丁,青箱艱託付。賴汝侍我側,穎慧實天賦。
> 學詩解別裁,識字習訓詁。風窗雪案閒,伴我蟲魚注。
> 宦游常相依,歷遍秦隴豫。屈指結褵歲,星周已六度。
> 未拜堂上姑,久作人閒婦。欲雷義不可,欲去情忍訴。
> 刻我疾甫瘳,鬢鬢雙添素。戒途期屢愆,話別茹弗吐。
> 柔順女子貞,盡孝實本務。辛勤鞠兒女,撲素守荊布。
> 行行勿徘徊,執手且少住。經營到衣笈,屬付向乳嫗。

絕四首示之》,《清代詩文集彙編》第 369 冊,頁 610。

〔註83〕〔清〕史善長編:《弇山畢公年譜》,《乾嘉名儒年譜》第 5 冊,頁 506。

〔註84〕〔清〕畢沅著:《靈巖山人詩集·卷二十九·靜寧行館接智珠見懷五律喜作七絕四首示之》,《清代詩文集彙編》第 369 冊,頁 610。

〔註85〕〔清〕畢沅著:《靈巖山人詩集·卷三十二·得智珠生女之信再疊前韻誌喜》,《清代詩文集彙編》第 369 冊,頁 636。

丁寧雜嗚咽，一淚滴一步。平安爲汝歡，疾病惟汝懼。

汝須亮我懷，長途慎風露。最防憂慮侵，恐以思我故。

重要相見日，毋怨臨別語。幾紙江上鴻，十圓月中兔。

桃花水初生，吳淞春未暮。一枝柔艣聲，搖向夢中誤。〔註86〕

詩中，畢沅依依不捨地送女兒智珠回去，既是送別，亦是回首，追憶過去的日子，因爲智珠出生僅三個月後，其生母便不幸離世，所以自女兒尙在「襁褓」時，便細心呵護；當女兒漸「長成」，更是仔細照顧。智珠的兄長畢念曾英年早逝，弟妹年幼，唯有她是最適合的人選，於是畢沅就將「青箱」交給她，傳授了自己畢生的學問，不論是「學詩解別裁」或是「識字習訓詁」，她也都能領略，「穎慧實天賦」，具有相當的天才。在畢沅的宦遊生涯中，智珠幾度拜訪，也常相伴。當時，智珠已結婚六年，不能老是陪伴在父親身旁，必須盡些做媳婦的本分，所以，必須歸去，而畢沅也不忘提點女兒身爲人母及子女的責任——必須要守貞、盡孝，更要用心照料孩子。詩的後半，畢沅更是再三的提醒女兒，在回去的路途上要小心身體，也透露出他的不捨與思念。又〈與智珠夜話〉，則是畢沅晚年的作品，當時他的身體已是疾病纏身，其詩云：

疾狀初傳鄂渚潯，涕痕夜夜溼羅衾。遲來長鬢秋將老，誤去淇厓信易沈。難必此生重見面，始知去歲各酸心。從今腸斷陽關曲，莫再花前撫玉琴。〔註87〕

畢沅當時已對自己的身體狀況有所警覺了，也許來日無多，所以「涕痕夜夜溼羅衾」，常是淚水陪伴著他入眠。當人失意落魄，或是疾寒交加時，都會更加的思念自己的親人，尤其在遲暮之年，更是加倍淒苦，所以與智珠於夜中長談，並作此詩以留念。

第二節　官旅仕途

畢沅一生的官途尙算亨通，詳細的官宦過程見載於《弇山畢公年譜》，以下即據此書，將其爲官之路，概述如下：

〔註86〕〔清〕畢沅著：《靈巖山人詩集·卷三十六·送女智珠南歸》，《清代詩文集彙編》第 369 冊，頁 683～684。

〔註87〕〔清〕畢沅著：《靈巖山人詩集·卷三十七·與智珠夜話》，《清代詩文集彙編》第 369 冊，頁 695。

一、科舉之路

　　自乾隆十六年（1751 年），畢沅在母親張藻的建議下，離開家鄉，開始他的科考之路。隔年夏天，抵達京城，住在同族祖父畢誼任教的槐蔭書堂，是年九月時，離京至保陽拜訪舅父張鳳孫，鳳孫當時客居在堂兄張鳳岡的蓮池書院，而張鳳岡對經學研究甚深，「吳下經生，首推張、惠，公兼聞緒論，引伸觸類，于漢唐諸儒之說，疏證精核，其學大成」〔註 88〕，與惠棟爲當時著名的經師。畢沅在張鳳孫的建議下，向張鳳岡學習經學。乾隆十八年（1753 年）八月，參與順天鄉試，考中舉人。隔年春季會試落第。乾隆二十年（1755 年）暮，因爲畢誼生病，畢沅得以補授內閣中書，進入軍機處。二十一年（1756 年），畢沅因爲「目攝手披，才思敏給」〔註 89〕，受到大學士傅恒、汪由敦器重，漸居要職。二十五年（1760 年），應禮部會試，考試及格，獲得進士第二名，至五月殿試時，乾隆皇帝親自評爲一甲一名。由此開始了畢沅的官旅生活。

二、陝西巡撫

　　乾隆二十六年（1761 年），畢沅入翰林院；三十年（1765 年），陞授詹事府右春坊右中允；三十一年（1766 年），陞授翰林院侍講，兼一統志、方略館纂修官；三十二年（1767 年），遷右春坊右庶子，掌坊事，兼侍講；三十三年（1768 年）四月，抵達甘肅，受到吳達善的任用，留駐蘭州，九月時，兼署按察使事；三十五年（1770 年）六月，奉旨調補安肅道，八月隨總督明山出關，經理屯田，從木壘河到吉木薩，往來數萬里；三十六年（1771 年），奉旨補授陝西按察使，皇帝駕臨山東，畢沅前往覲見，上報甘肅連年苦旱之事，乾隆皇因而下詔賑濟，並赦免了災民積欠的田賦四百萬兩，是年五月，署理布政使事，到了十月，奉旨補授布政使，十二月，代理巡撫；三十七年（1772 年）正月，奉旨督理陝西軍臺事務，該月回任布政司，六月又護理巡撫，九月再回任布政司；三十八年（1773 年）正月，再度代理巡撫，五月時，處理黃河、洛河、渭水泛濫之災妥當，代理有功，而得皇帝贊賞：「如此留心，籌畫料理，眞能不負任使」〔註 90〕，十一月時，便補授陝西巡撫；三十

〔註 88〕〔清〕史善長編：《弇山畢公年譜》，《乾嘉名儒年譜》第 5 冊，頁 473。
〔註 89〕〔清〕史善長編：《弇山畢公年譜》，《乾嘉名儒年譜》第 5 冊，頁 475。
〔註 90〕〔清〕史善長編：《弇山畢公年譜》，《乾嘉名儒年譜》第 5 冊，頁 488。

九年（1774 年）五月時，畢沅接母親至其西安公署同住，以便照顧，直到四十四年（1779 年）十二月八日其母病逝爲止。張藻過世後，畢沅服喪，以「丁憂」〔註91〕之故解職，於四十五年（1780 年）正月送母親靈柩回鄉，是年十月即奉旨回任。除母喪而一度去職外，畢沅曾因「甘肅冒賑案」〔註92〕而遭降爲三品頂戴，不過仍辦理陝西巡撫印務。自乾隆三十八年（1773 年）至五十年（1785 年），近十三年的時間，畢沅大多時間皆在陝西一帶爲官，皇帝曾稱讚他說：

> 畢某在陝西，聞甘省逆賊滋事，即能悉心調度，事事妥協，並有先辦而與朕旨相合者，實屬可嘉。著賞給一品頂帶。〔註93〕

足見其地位日漸穩固。

三、河南巡撫

乾隆五十年（1785 年）二月時，畢沅調補爲河南巡撫，因爲「豫省河工連年漫溢，衛輝一帶屢被旱災」〔註94〕，負責處理水患與旱災。畢沅到任後，採用包含「截漕糧」、「蠲丁緝」、「給口糧」、「以工代賑」、「設粥廠」、「種番薯」、「歸售田」、「借籽種」的八個救災措施，讓河南一帶得以渡過荒年。五十二年（1787 年）時，河南大雨，水位湍急漲升，讓河南東部、睢州、商丘、寧陵、永城等地均受淹水之苦，畢沅即時回報朝廷，讓災民得以獲賑。災區稍平，但畢沅卻因公忙操勞而病倒，直至五十三年（1788 年）時方才好轉，但耳朵從此重聽。畢沅於河南爲官近四年，大多心力皆在救災上，因爲處理得當，後又獲皇帝拔擢，升任湖廣總督兼湖北巡撫。〔註95〕

四、湖廣總督

乾隆五十三年（1788 年）五月開始，長江泛濫成災，至畢沅接任湖廣總

〔註91〕丁憂爲古代父母逝世時，官員必須請辭服喪的制度。此制度必須守喪廿七月，除了皇帝詔令，否則不得提早復職。
〔註92〕甘肅冒賑案，是乾隆四十六年（1781 年）在甘肅發生的官員以「賑災」爲名，行貪污之實的大弊案。
〔註93〕〔清〕錢大昕著：《潛研堂文集・卷四十二・太子太保兵部尚書湖廣總督世襲二等輕車都都尉畢公墓誌銘》。
〔註94〕〔清〕史善長編：《弇山畢公年譜》，《乾嘉名儒年譜》第 5 冊，頁 524～525。
〔註95〕詳參徐耿華著：《三秦史話・學者督撫畢沅》，頁 44～53。

督時，洪水已退，但災情慘重，哀鴻遍野，許多民眾流離失所，他一方面忙著賑災，一方面又到處修堤，並且試圖在天災中，查看是否有人禍，積極除弊，並加強鹽政的管理。五十九年（1794 年）八月，邪教自陝川起事，漸漸波及到湖北，畢沅急赴襄陽等地鎮壓動亂，九月時，負責查辦的官員與教徒起了衝突，雙方互有往來，有人還因此死亡，畢沅受牽連而遭貶爲山東巡撫。六十年（1795 年）二月，再被授爲湖廣總督。在這短短數年間，動亂四起，畢沅亦忙於鎮壓、安撫，四處奔波，廢寢忘食，在過於勞累的情況下，久疾而不癒，縱使皇帝御賜「活絡丸」，仍不敵病魔，於嘉慶二年（1797 年）六月，卒於湖廣任上。

　　畢沅逝世後二載，已退位爲太上皇的乾隆駕崩，嘉慶皇帝下令「追論沅教匪初起失察貽誤，濫用軍需帑項，奪世職，籍其家」〔註96〕，將畢沅的家產充公，還奪去子孫們世襲官位的機會，這是因爲「公軍旅非所長，又易爲屬吏欺蔽，卒以是被累，身後田產、貲畜皆沒入官云」〔註97〕，雖然畢沅能力頗強，但畢竟治軍並非他最擅長之事，且過於信任屬下，因而受到牽連，才會落得死後遭抄家的下場。一代名臣的結局，令人不勝唏噓。不過，畢沅在政事上其實頗受好評，汪中曾云：

> 昔子產治鄭，西門豹治鄴，汲黯治淮陽，黃霸治潁川，虞詡治朝歌，張全義治洛陽，並以良績光于史策，公旣兼其地，又兼其政，邦家之光，民之父母。〔註98〕

汪氏將畢沅比擬作子產、西門豹、汲黯、黃霸、虞詡、張全義等著名的官員，認爲他對於地方的事務以及整個國家的政事，都有極大的貢獻，堪稱是「邦家之光，民之父母」，所以他一再受到皇帝重用，先後擔任陝西巡撫、河南巡撫、山東巡撫、湖廣總督等要職，於各地皆有不錯的政蹟。

第三節　幕府交遊

　　幕府是一種濫觴於戰國時期的人才制度，隨著中央與地方彼此間的權力

〔註96〕〔清〕趙爾巽等撰：《清史稿，卷三百三十二》，頁 10978。

〔註97〕〔清〕洪亮吉撰：《更生齋文甲集·卷四·書畢宮保遺事》，《四部備要·集部》第 541 冊（臺北：臺灣中華書局，1971 年）。亦見〔清〕錢儀吉纂：《碑傳集》第 6 冊，頁 2106。

〔註98〕〔清〕汪中撰：《述學·卷六·別錄·十七·與巡撫畢侍郎書》（臺北：世界書局，1962 年 12 月）。

演變，曾有興或衰，由漢一直到五代時期，因爲中央的權力箝制較輕，使得各地的幕府相對興盛，但到了宋代，中央集權，使得幕府的情形大幅減少，直至明末方才復興，而且到了清代時發展得相當密切，士人游幕成爲一種熱門的現象，這也與當時的學術氛圍有關。據杜維運所說，在十七、十八世紀，清代官方贊助學術活動非常頻繁，他製作了一份詳細的目錄，在當時內務府贊助或直接負責刊刻的書籍有 130 餘種，囊括了儒學的各個領域。〔註99〕乾隆時代，是清代的歷史中十分鼎盛的時期，經濟成長富裕，社會發展穩定，無論是文治或武功，都大有建樹，所以一生大多活躍於此時期的畢沅，也就自然而然受到整個社會風氣的影響，再加上他良好的家學與師承，讓他始終是手不釋卷，而且禮賢下士，對於學術相關的活動相當熱衷，並且樂此不疲，如袁枚云：「畢尚書宏獎風流，一時學士文人趨之如騖。尚書已刻黃仲則等八人詩，號《吳會英才集》。」〔註100〕即是如此的狀況。

　　畢沅是乾隆時期很重要的幕主，無論在幕府的規模、人數，或是著述、影響力等而論，都是首屈一指的，當時有名的學者、文人，幾乎多少都與其有所來往，甚至受過他的幫助，對於整個清代的學術影響力，是相當可觀的。對於畢沅的愛才與惜才，王昶云：

> 嘗謂爲政貴識大體，治尚宵靜，故洞悉屬員賢否，而不以機智鈎距，不以科條繳繞，望之溫然，無內外大小，皆馭之以恩，人服其寬，樂爲之用。篤於朋舊，愛才下士，老友如中書吳泰來、侍讀嚴長明、編修程晉芳諸人，招致幕府，流連文酒，名流翕集，望若登仙。學士邵晉涵、編修洪亮吉、山東克沂道孫星衍，咸以博學工文，前後受知門下，情誼周摯，其餘藉獎借以成名者甚多。〔註101〕

以此而觀，畢沅是個溫和且善解人意的幕主，對待幕賓們，不因其才能高低而有太大差異，管理他們也是寬恩厚施，以恩爲治，讓人心服。正因爲他與朋友的交往眞誠，且愛護人才，許多好友或是才子，紛紛拜入其府中，包括了吳泰來、嚴長明、程晉芳、邵晉涵、洪亮吉、孫星衍等人，他們受到畢沅

〔註99〕詳參杜維運著：《學術與世變》（臺北：環宇出版社，1971 年 6 月），頁 117～130。

〔註100〕見《隨園詩話・卷十一》。參〔清〕畢沅等撰：楊焄點校：《畢沅詩集・畢沅評論資料》，《乾嘉詩文名家叢刊》，頁 1132。

〔註101〕〔清〕錢儀吉纂：《碑傳集・兵部尚書都察院右都御史湖廣總督贈太子太保畢公沅神道碑》第 6 冊，頁 2103。

的照顧，與其私交甚篤，其他的幕賓也有不少人從此離開後，大放異彩。以下先說明畢沅幕府的概況，再介紹十多位與畢沅頗有交情的好友、幕賓，並說明畢沅與他們的關係。

一、畢沅幕府

畢沅幕府依其為官之處，可分為三個時期：

（一）陝　西

自乾隆三十八年（1773 年）至五十年（1785 年），近十三年的時間。陝西那帶是秦、漢、隋、唐等朝代的古都之地，擁有不少的古蹟與文物，還有許多的風景名勝，都是作研究的好素材，應著地利之便，許多文人便在那裡成長茁壯。

（二）河　南

自乾隆五十年（1785 年）春季至五十三年（1788 年）夏季，三年半的光景，部分原本在陝西的幕賓也隨之而至，包括嚴長明、吳泰來、王復、洪亮吉、錢坫、孫星衍等人。新加入的則有邵晉涵、章學誠、方正澍等人。

（三）湖　北

乾隆五十三年（1788 年）秋季至嘉慶二年（1797 年）卒於任上，除乾隆五十九年（1794 年）時曾被短期降為山東巡撫外，近九年的時間待在湖北。原本在河南的幕賓，依之而來的有洪亮吉、方正澍。新來的則有汪中、鄧石如、史善長等。

二、嚴長明

嚴長明（1731～1787 年），字冬友，號道甫，江蘇省江甯人。著有《毛詩地理疏證》、《三經答問》、《三史答問》、《石經攷異》、《金石類籤》、《漢金石例》、《獻徵餘錄》、《五經算術補正》等二十多種著作。他從小就很聰明，才十一歲就為李紱所賞識，李氏告訴方苞說：「國器也！」從此他就跟著方苞學習。乾隆二十七年（1762 年）時南巡，嚴長明獻賦而獲御賜舉人，授內閣中書，進軍機處。他博學多聞，又好讀書，「或舉問，無不能對。為詩文用思周密，和易而當於情。」〔註102〕

〔註102〕詳參〔清〕趙爾巽等撰：《清史稿，卷四百八十五》，頁 1339～13393；亦可

嚴氏最早游幕是在 1754 年，進入盧見曾幕府，至 1773 年入陝西畢沅幕府，待了近十年，1785 年還隨畢沅至河南。在幕中博覽了揚州馬氏的藏書，主要爲畢沅定奏詞，還曾在盧陽書院主講。〔註103〕

三、程晉芳

程晉芳（1718～1784 年），字魚門，自號蕺園，江蘇江都人。著有《周易知旨編》、《尚書今文釋義》、《尚書古文解略》、《詩毛鄭異同考》、《春秋左傳翼疏》、《禮記集釋》、《諸經答問》、《羣書題跋》、《勉行齋文》、《蕺園詩》等書。世代業鹽，累世巨富，唯有他好讀書，曾經「罄其貲購書五萬卷，招致方聞綴學之士，與共探討」，對書的愛好，非常人所能。乾隆三十六年（1771 年）中進士，授翰林院編修。〔註104〕

老年時，貧病交迫，才於 1783 年入陝西畢沅幕府。隔年一月客死幕中。〔註105〕

四、洪亮吉

洪亮吉（1746～1809 年），字君直，又字稚存，號北江，晚年自號更生，江蘇陽湖人。著述相當豐富，有《春秋左傳詁》、《比雅》、《六書轉注錄》、《漢魏音》、《東晉疆域志》、《三國疆域志》、《十六國疆域志》、《更生齋詩文集》、《北江詩話》、《天山客話》、《伊犁日記》等。乾隆五十五年（1790 年）爲一甲二名進士（即榜眼），授翰林院編修。五十七年（1792 年），擔任順天府鄉試同考官，又任命爲貴州學政，於任內購求經、史、《通典》、《文選》等典籍，大倡教化。嘉慶四年（1799 年），乾隆去世，嘉慶親政，詔求直言，洪亮吉感念皇恩，便上書直陳時弊，但卻不照規矩上報，而不愼觸怒嘉慶帝，一度問斬，後改放往伊犁。百日後，即被詔回。〔註106〕

參〔清〕支偉成纂述：《清代樸學大師列傳》（臺北：藝文印書館，1970 年 10 月），頁 484～486。

〔註103〕詳參尚小明編著：《清代士人游幕表》，（北京：中華書局，2006 年 4 月），頁 106～107。

〔註104〕蔡可園纂：《清代七百名人傳》，頁 1776～1777。

〔註105〕詳參尚小明編著：《清代士人游幕表》，頁 94～95。

〔註106〕詳參李春光著：《清代學人錄》，頁 102～104。亦可參蔡可園纂：《清代七百名人傳》，頁 1725～1727。

洪氏游幕經歷相當豐富，最早是在 1771 年，進入朱筠幕府；1773 年，往來於沈業富與朱筠幕府；1774 年，進入袁鑒署；1775 年春夏，作客陶易署；1776 年夏秋，作客王杰幕；1776 年冬，作客劉權之幕；1779 年春，作客黃澤定幕；1779 年夏至 1781 年夏，受孫溶聘；1781 年夏至 1785 年春，入陝西畢沅幕府；1785 年春至 1788 年夏，作客河南畢沅幕府；1788 年冬，作客湖廣畢沅幕府；1789 年秋冬，受李廷敬聘；1805 至 1806 年，受李德淦聘；1806 至 1807 年，受魯銓聘。洪氏在畢沅幕府，待了七年多，與當時同為畢沅幕賓的孫星衍、錢坫多所唱和，編纂《延安府志》、《澄城縣志》、《大冶縣志》、《登封縣志》、《懷慶府志》等。稍晚還與方正澍、章學誠等相往來。〔註107〕

五、孫星衍

孫星衍（1753～1818 年），字淵如，號季逑。江蘇陽湖人。著有《周易集解》、《夏小正傳校正》、《魏三體石經殘字考》、《孔子集語》、《史記天官書考證》等書，其博覽群書，於校訂古籍上最有成就。乾隆五十二年（1787 年）一甲進士，授翰林院編修，任三通館校理。乾隆五十四年（1789 年）散館，試《厲志賦》，用《史記》「軥軥如畏然」的典故，被和珅疑為別字，降置二等。因為當時大家都要去拜見和珅，以巴結他，但孫星衍不肯，便因此得罪了和珅。後來任官於刑部主事，執法公平寬厚，大學士阿桂、尚書胡季堂很器重他，不久後就晉升郎中。乾隆六十年（1795 年）授山東兗沂曹濟道，為官廉明。嘉慶元年（1796 年）七月，曹南水汜濫潰堤，孫星衍與按察使康基田帶領眾多的民工，連續搶修了五日，才未釀成大禍，也為國家省下數百萬帑金。過不久就被升為按察使，執政僅七月就平反許多冤案。為官公正廉明，吏治良好，頗得民心。嘉慶四年（1799 年）母喪歸鄉。後來間斷有為官，直至嘉慶十六年（1811 年）因病請歸，嘉慶二十三年（1818 年）卒。〔註108〕

年少時便有文才，善作詩，與洪亮吉齊名，後來專心於經史小學，涉及諸子百家，尤專於注疏校刊，且善於篆隸。〔註109〕

孫氏游幕經歷豐富，最早是在 1777 年，進入劉權幕府；1779 年，遭延攬入章攀桂幕府；1780 年底至 1785 年初，作客陝西巡撫畢沅幕府；1880 年至

〔註107〕詳參尚小明編著：《清代士人游幕表》，頁 118～119。
〔註108〕蔡可圉纂：《清代七百名人傳》，頁 1617～1618。
〔註109〕李春光著：《清代學人錄》，頁 231～232。

－36－

阮元幕府；1802 年，受張祥雲聘；1814 年秋，受阿克當阿聘。孫氏在畢沅幕府四年，主要的成就是纂《關中勝蹟圖志》，校《神農本草經》、《孫子兵法》，纂《醴權縣志》、《邠州志》、《澄城縣志》、《三水縣志》。〔註110〕畢沅對於孫氏的才幹有特別的偏愛，洪亮吉有這麼一段紀錄：

> 公愛士尤篤，聞有一藝長，必馳幣聘請，惟恐其不來，來則厚資給
> 之。余與孫兵備星衍留幕府最久，皆擢第後始散去。孫君見幕府事
> 不如意者，喜慢罵人，一署中，疾之若讎。嚴侍讀長明等，輒爲公
> 揭逐之，末言：「如有留孫某者，眾卽捲堂大散。」公見之不悅，曰：
> 「我所延客，諸人能逐之耶？必不欲與共處，則亦有法。」因別搆
> 一室處孫，館穀倍豐于前，諸人益不平，亦無如何也。〔註111〕

畢沅對於孫星衍的才能是讚不絕口，而且對待他相當好，特別重金禮聘他入自己府中。孫星衍的脾氣不大好，動不動就罵人，讓同爲幕賓的大家都不大喜歡他，便集合起來跟畢沅要求，若不趕孫氏離開，他們就離開。畢沅雖然不高興，但表現上仍是照著大夥的意思將孫氏與大夥分開，另置一地。可他給孫氏的酬金卻是加倍。這讓大家雖然不平，也無法再多說什麼，足見畢沅在對待自己的下屬，仍有他自己的一套辦法。

六、邵晉涵

　　邵晉涵（1743～1796 年），字與桐，一字二雲，自號南江，浙江餘姚人。著有《孟子述義》、《穀梁正義》、《韓詩內傳考》、《皇朝大臣謚跡錄》、《輶軒日記》、《南江詩文稿》等書。其先祖多爲講學之人，從祖邵廷采是有名的學者，祖父邵向榮，康熙壬辰時進士。乾隆三十六年（1771 年）禮部會試第一，二甲第三十名進士。乾隆三十八年（1773 年）纂修四庫，邵氏與周永年、戴震、余集等人獲薦入選，爲四庫編纂。邵氏因撰史據實，功力最深，擔任史部的審校，且有很強的記憶力，其他人問其史料內容，均能隨口應答於何冊何頁。邵晉涵據《永樂大典》輯出佚書多部，，尤以《舊五代史》影響最大。嘉慶元年（1796 年）因病去世邸第，享年五十四歲。〔註112〕

〔註110〕詳參尚小明編著：《清代士人游幕表》，頁 126～127。
〔註111〕〔清〕洪亮吉撰：《更生齋文甲集・卷四・書畢宮保遺事》，《四部備要・集部》
　　　　第 541 冊。亦見〔清〕錢儀吉纂：《碑傳集》第 6 冊，頁 2106。
〔註112〕詳參李春光著：《清代學人錄》，頁 280～283。亦參蔡可園纂：《清代七百名
　　　　人傳》，頁 1621～1622。

邵氏最早在 1771 年冬至 1772 年夏，進入朱筠幕府；1777 年，受聘入邵齊然府；1778 受聘入唐若瀛府；1784 年應鄭沄聘；1786 年底至 1792 年，作客湖廣總督畢沅幕府。邵氏在畢沅幕府近六年，主要的成就是編纂《續資治通鑑》。〔註113〕

七、章學誠

章學誠（1738～1801 年），字實齋，號少巖，會稽人。著有史學《文史通義》、校讎學《校讎通義》兩本鉅著。章氏自幼體弱多病，「稟賦羼弱，日僅誦百餘言，猶不中程」，但其喜好深思，無論盛夏或隆冬，讀書常至午夜不倦，只要有什麼想法就先寫下，十五歲左右便已對史學有興趣。多次科舉考試皆不第後，拜朱筠為師。正好朱筠家中藏書豐富，又有眾多賓客聚於此，使得章氏得以博覽群籍，並和邵晉涵、洪亮吉、黃景仁等人往來，學問愈是深厚。乾隆四十三年（1778 年）中進士。後入畢沅幕府，畢沅待之頗厚，資助其編纂《續資治通鑑》等書。嘉慶五年（1800 年），貧病雙侵，雙目失明，於隔年十一月卒。章氏一生致力於講學、著述與修纂方志，對於史學既有眼光又頗自豪，對於古今學術能條析分理，明其淵源，尤擅於辨疑駁斥。〔註114〕

章氏游幕時間甚長，游走於各幕府，最早是在 1765 年，入沈業富家；1766 至 1768 年館於朱筠邸；1771 至 1772 年入朱筠幕府；1773 年獲朱筠推荐，聘於劉長城，夏天時則至馮廷丞之署；1774 年春、夏客和州、秋至杭州應鄉試，冬客寧波道署；1775 年春離開，秋赴京城；1777 至 1778 年夏周震榮聘；1778 年入張維祺署；1783 至 1784 年客陳琮署；1787 年冬至 1788 年冬，客河南巡撫畢沅幕；1788 年底到畢沅湖廣總督幕；1789 年春、夏館於裴立綱署；1789 年秋冬至 1790 年春，客裴振署；1790 年春至 1794 年秋，又回畢沅湖廣總督幕；1796 年底至 1797 年春，依附朱珪；1797 年投靠曾燠；1798 年，依靠謝啓昆。章氏在畢沅幕府前後約六年，主要的成就是獲得畢沅支持其編纂《史籍考》，還纂有《續通鑑》、《湖北通志》、《常德府志》、《荊州府志》，可供校閱。〔註115〕

〔註113〕詳參尚小明編著：《清代士人游幕表》，頁 114～115。
〔註114〕詳參李春光著：《清代學人錄》，頁 274～275。
〔註115〕詳參尚小明編著：《清代士人游幕表》，頁 112～113。亦參蔡可圜纂：《清代七百名人傳》，頁 1622～1623。

八、鄧石如

鄧石如（1743～1805 年），字頑白，號頑白山人。安徽懷寧人。自幼家貧，多靠寫字、刻印謀生。是著名的書法家，尤其擅長篆隸。包世臣《藝舟雙楫》稱其爲清代第一。此外，受考據學影響，其臨摹碑拓甚勤，自成鮮明的風格，精術精湛，爲有名的篆刻家。〔註116〕

鄧氏在 1791 年至 1793 年，作客湖廣總督畢沅幕府三年，與畢沅文酒之會，有和畢沅的《黃鶴樓詩》，並爲畢沅之子書寫了《說文字原》。〔註117〕

九、黃景仁

黃景仁（1749～1783 年），字仲則、漢鏞，號悔存，晚號鹿菲子。著有《兩當軒詩文集》、《竹眠詞》。四歲喪父，家庭貧窮，靠母親屠氏養大，對他的要求特別嚴格。黃氏與同郡的洪亮吉，皆曾在常州龍城書院受邵齊燾之教，後來邵氏卒，又拜入鄭虎文門下，深受鄭氏喜愛，卻因家貧而不得不離開，才能供養家中老母。乾隆四十一年（1776 年），皇上東巡，召試，將他名列二等。〔註118〕

黃氏游走各幕府，最早是在 1767 年秋，客潘恂署；1769 年冬至 1770 年夏客王太岳幕府；1771 年春、夏，客沈業富署；1771 年冬至 1773 年冬，客朱筠安徽學政幕；1778 年，游於王昶門下；1780 年秋冬，客程世淳幕；乾隆四十六年（1781 年）秋，因《都門秋思》詩引起畢沅注意，畢氏寄銀五百兩，請其入幕府；1782 年夏再客秦；乾隆四十八年（1783 年）春，抱病赴西安，行至山西解州，病情加重，卒於山西運使沈業富官舍中，黃氏在畢沅幕府前的時間不長，與洪亮吉、孫星衍游處，身後事由好友洪亮吉爲其處理。〔註119〕

十、錢大昕

錢大昕（1728～1804 年），字曉徵，又字辛楣，號竹汀，江蘇嘉定人。

〔註116〕詳參尚小明著：《學人游幕與清代學術》，（北京：社會科學文獻出版社，1999年 10 月），頁 103。

〔註117〕詳參尚小明編著：《清代士人游幕表》，頁 114～115。

〔註118〕蔡可園纂：《清代七百名人傳》，頁 1777。

〔註119〕詳參尚小明編著：《清代士人游幕表》，頁 112～113。亦參蔡可園纂：《清代七百名人傳》，頁 1622～1623。

著作相當豐富，如《恆言錄》、《廿二史攷異》、《十駕齋養新錄》等，多見於《潛研堂全書》中。乾隆十六年（1751 年），召試舉人，乾隆十九年（1754 年）中進士，改翰林院庶吉士。二十二年（1757 年）散館，授編修。二十八年（1763 年），大考一等三名，升爲翰林院侍講學士。此後歷任少詹事、尋提督廣東學政。乾隆四十年（1775 年），丁父憂而辭官歸鄉，不久因病而不再復出。曾在鐘山、婁東、紫陽等各書院講學多年。嘉慶九年（1804 年）卒，年七十七。錢氏從小就是神童，聰慧又善讀書，一開始先向沈德潛學習，尤長於詞章之學，爲吳中七子之冠。〔註120〕

錢大昕精通經學、史學、天文、歷法、音韻、訓詁、金石等，《國朝漢學師承記》稱他是：

> 不專治一經而無經不通，不專攻一藝而無藝不精。經史之外，如唐、
> 宋、元、明詩文集、小說、筆記，自秦漢及宋元金石文字，皇朝典
> 章制度，滿洲蒙古氏族，皆研精究理，不習盡工。〔註121〕

若論學術貢獻，其史學最高，撰有《廿二史攷異》一百卷，將除了《舊五代史》、《明史》以外的廿二本史書詳細考證，時譽頗佳。另外，他對音韻、訓詁學用力甚深，提出了古無輕唇音和舌上音等具有創見的說法。〔註122〕

錢大昕曾游幕，最早於 1751 年秋及 1752 年春、夏，客高斌幕府；1754 年應秦蕙田邀而入府；至 1770 年夏客王太岳幕府；1787 年，應錢維喬聘；1801 年與錢大昭應邢澍之邀而入府。〔註123〕錢氏未曾入過畢沅幕府，但其與畢沅私交甚篤，畢沅自己都曾說他與「嘉定錢詹事大昕、故休寧戴編修震交」〔註124〕，且兩人時有書信往來，今日即存有〈錢大昕致畢沅書箚〉。此書箚是錢大昕收到畢沅分俸贈款後的答謝函，信中提及錢竹初招修鄞邑志事，並向當時在畢沅幕中的邵晉涵、孫星衍、洪亮吉等人致意。除此之外，錢大昕更爲畢沅撰寫墓誌銘，足見兩人交情之深厚，錢氏爲畢沅很好的朋友。

〔註120〕詳參蔡可圜纂：《清代七百名人傳》，頁 1638～1641。

〔註121〕〔清〕江藩著：《國朝漢學師承記・卷三》（北京：中華書局，1983 年 11 月）。

〔註122〕詳參李春光著：《清代學人錄》，頁 166。

〔註123〕詳參尚小明編著：《清代士人游幕表》，頁 102～103。

〔註124〕〔清〕畢沅撰：《經典文字辨證書・敘》，《百部叢書集成・初編》。

十一、王　昶

　　王昶（1724～1806 年），字德甫、琴德，一字蘭泉，號述庵。〔註 125〕
江蘇青浦人。著有《春融堂集》、《金石萃編》、《湖海詩傳》等。四、五歲時
便能背頌《三體唐詩》，十八歲時應學使試，以第一名入學。王昶求學與惠
棟，與王鳴盛、吳泰來、錢大昕、趙升之、曹仁虎、王文蓮並稱為「吳中七
子」。乾隆十九年（1754 年）中進士，乾隆二十二年（1757 年）乾隆皇帝南
巡，召試獲得第一，授內閣中書。乾隆三十三年（1768 年）因為洩露查辦
兩淮鹽引事罷職，發往雲南效力，他隨阿桂征討，起草檄文，因為有功，而
以吏部之職隨征大小金川，平定後，依功獲軍機處之職。歷官到刑部右侍郎
之職。其頗好金石之學，收集許多商周的銅器與歷代石刻拓本。〔註 126〕王
昶與畢沅頗有私交，錢儀吉論其因云：

> 昶與公鄉試同年，同直軍機處，又為西安按察使，知公行事為詳，
> 庸敢掇其關於軍國之大者，勒諸貞石，以示後世。餘已載少詹事之
> 志，故不備書〔註 127〕

因為這樣緊密的關係，於是畢沅的遺孤便拜託王昶為其立傳及刻墓道碑。

十二、戴　震

　　戴震（1724～1777 年），字慎修、東原，安徽休寧人。著作等身，相當
豐富，如《策算》、《原象》、《勾股割圓記》、《考工記圖注》、《孟子字義疏證》、
《緒言》、《中庸補註》、《水地記》、《聲韻考》、《聲類表》、《方言疏證》、《水
經注》、《爾雅文字考》、《轉語》等。據說戴震小時候發展較緩，至十歲才會
說話，不過思考甚深。就讀私塾時，有次讀到《大學章句》之「右經一章」，
便問老師怎麼知道這是孔子說的話，而曾子流傳下來？又怎麼知道這是曾子
的學生記錄下來的？老師便回說是朱子所講。戴震繼續追問，為什麼朱子知
道兩千年前的事？老師無話可回。戴震一生受教於許多大師，他是江永的弟
子，此外，他也與當時乾嘉學派的著名學者惠棟相識，成為朋友。雖然戴震
的學問深厚，對於經學、天文、歷史、歷史、數學、機械等都有研究，但他

〔註 125〕詳參蔡可園纂：《清代七百名人傳》，頁 1782。
〔註 126〕詳參李春光著：《清代學人錄》，頁 259。
〔註 127〕〔清〕錢儀吉纂：《碑傳集‧兵部尚書都察院右都御史湖廣總督贈太子太保畢
　　　　　公沅神道碑》第 6 冊，頁 2104。

在科舉考試上卻屢戰屢敗,直至四十歲時才考中舉人。乾隆三十八年(1773年),獲紀昀推薦爲《四庫全書》的纂修官,四十年(1775年)爲乾隆帝特許參與殿試,賜同進士出身。授翰林院庶吉士,在沒等到散館授官就病逝了,享年五十五歲。他除了自身的學問高深外,其學生亦多著名,如:段玉裁、王念孫等人。〔註128〕戴震與畢沅有私交,其作《送右庶子畢君赴鞏秦階道序》,稱畢沅是「裕於文章學問,語及治經,尤勤勤綣綣,器量豁如也」〔註129〕,對畢沅的學術與爲人皆多所稱讚。除此之外,還有《送巡撫畢公歸西安序》,亦讚美畢沅「天以億兆之民哀樂安危授之君,君則以民之哀樂安危倚任大臣」〔註130〕,足見戴震對他的肯定。

十三、袁　枚

袁枚(1716～1797年),字子才,號簡齋,浙江錢塘人。著有《小倉山房詩文集》、《子不語》《隨園食單》等。袁枚自幼家貧,但其有異稟,所以十二歲時就考中秀才。乾隆元年(1736年),開博學鴻儒科的考試,當時袁枚僅二十歲,是年紀最小的,所以未被錄取。三年後考上舉人,隔天考中進士,改翰林院庶吉士,年僅廿四歲。掌院的大學士史貽覺得他很有才華,就命他擬奏疏,稱他是「通達政體,賈生流也」。後來被外派爲知縣,擔任過溧水、江浦、沭陽等縣官,挺受百姓喜愛,不到四十歲便已厭倦了官場生活,退休返鄉,過著恬淡的生活。其仗義疏財,在好友程晉芳死時,不僅前往弔唁,更燒掉程氏欠五千兩白銀的借條,不加索討。過世後,留有不少財富給後人。〔註131〕

袁枚以詩文聞名,提倡「性靈說」,反對清初以來的擬古與形式主義,講求眞實的性情。在詩,與蔣士銓、趙翼並稱「乾隆三大家」;於文,和紀曉嵐並稱爲「南袁北紀」。

今日文獻中未有袁枚與畢沅直接會面的紀錄,可在乾隆十七年(1752年)時,畢沅就曾到南京隨園去拜訪,只可惜袁枚並不在,早已雲游四海;十多年過去,乾隆三十三年(1768年)時,畢沅再度經過,又不巧未遇上,

---

〔註128〕詳參李春光著:《清代學人錄》,頁125～131。
〔註129〕〔清〕戴震著:《戴震集》(上海:上海古籍出版社,2009年6月),頁207。
〔註130〕〔清〕戴震著:《戴震集》,頁209。
〔註131〕詳參蔡可園纂:《清代七百名人傳》,頁1789。

所以兩人始終未能謀面，但畢沅曾贈《寄祝簡齋前輩七十初度四首》給袁枚，四首之四云：

> 半入名場半隱淪，鹿銜芝草伴長生。六朝風骨餘金粉，五嶽眞靈作
> 主賓。燕喜樽開蘭渚會，鳳簫聲遠洛川濱。祝鳩寄語須珍重，已未
> 詞臣有幾人？〔註132〕

以畢沅在朝廷不可一世的地位，要其贈詩四首給一位素未謀面且已退休的小官，足見其對於袁枚之敬重。

十四、阮　元

阮元（1764～1849 年），字伯元，號芸臺，江蘇儀徵（今揚州）人。
〔註133〕乾隆五十四年（1789 年）進士，歷官乾隆、嘉慶、道光三朝，在經學、文學、金石學、史學、書學等俱有豐富的造詣，著述等身，撰有《經籍纂詁》、《皇清經解》、《兩浙金石志》等書。阮元與畢沅同是江蘇人，兩人不僅在政務、學術上有所交流，關係更是密切，阮元云：

> 先生爲元詞館前輩，與元父交素深，先生又元妻弟衍聖公冶山慶鎔
> 之外舅也。學術情誼肫然相同。〔註134〕

對阮元而言，畢沅不僅是他在職場上的前輩，與其父有深交，更是他的姻親〔註135〕，於私於公，兩人常有往來，交情匪淺。後來其在畢沅的影響下，與畢沅合撰《山左金石志》，成爲山左地區重要的金石書〔註136〕。

除了以上的十四位賓客好友外，歸於畢沅幕府的人數眾多，此處未能盡數。〔註137〕何以如此多人願意納於其下，同前所述，他是非常善待賓客的人，可用好友王昶所說的話來看畢沅爲人，王昶說：

〔註132〕〔清〕畢沅等撰：楊焄點校：《畢沅詩集·靈巖山館詩集·卷三十四》，《乾嘉詩文名家叢刊》，頁 803。
〔註133〕事蹟詳見《續碑傳集·卷三》。參楊家駱編：《歷代人物年里通譜》（臺北：世界書局，1974 年 7 月），頁 643。
〔註134〕〔清〕畢沅、阮元撰：《山左金石志·阮元序》，《續修四庫全書》第 909 冊，頁 369。
〔註135〕畢沅的三女兒畢懷珠嫁給孔慶鎔，而孔慶鎔的姐姐孔璐華嫁給阮元當繼室。詳見〔清〕陳康祺撰：《郎潛紀聞初筆·卷七·畢阮二公締姻孔氏》（北京：中華書局，1984 年），頁 139。
〔註136〕關於《山左金石志》的作者、內容與價值，詳參第四章，以專節探討。
〔註137〕畢沅幕賓之詳細，可參附錄五之「畢沅之幕府幕賓表」。

> 公識量閎遠，喜愠不形於色，遇僚屬以禮，議事不執己見，人人皆
> 得盡其言；若大疑難事，衆莫識所措者，公沈機立斷，雖萬口不能
> 奪。久茌方面，職事修舉，不以察察爲明，亦不以煦煦要譽。所薦
> 拔多至大僚，或在同列，亦未嘗引爲己功。〔註138〕

由此觀之，畢沅大器有度，情緒不輕易外顯，而且待人有禮，不會擺出架子，
且論事據理，讓每個人都能各抒己見。假如遇到重大事情，他也會精準的判
斷，以杜悠悠眾口，所以他的賓客，不少都是成爲大官，甚至地位與他齊平，
他也不會急著爭功，是個非常好的幕主。又如汪中所云：

> 竊以爲閣下之德量，古人未之有也。何者？古之人雖好士，必見其
> 人而後好之，而閣下乃施之于其所不相識之人，推是心也。天下之
> 士，其有一人不被公之澤者哉！〔註139〕

畢沅「好士」、「善客」，其對於有能力的士子，不必親見其人，只要有才，便
賦予幫助，無論是在金錢方面或是學術支援上，都善待爲之，待人以心，用
人唯才，難怪會有這麼多文人士子，願意歸於其幕中了。

第四節　著作述論

　　畢沅一生手不釋卷，熱衷讀書、寫書，自其年幼時於母親張藻的教誨下，
由《毛詩》、《離騷》開始學起，此後習得聲韻學，稍長讀《東坡全集》，在
在使他與書本結下不解之緣，並且隨著他的年齡漸長，創作漸豐，對於古書
之注解、考證、校對、輯佚更是日益俱增，使得他著作等身，成爲有名的學
人。畢沅對於書本的愛好，知識的傳播，不僅是個人的努力，還擴及到他人，
因爲一向愛書且惜才的他，也資助了不少幕賓、好友的纂書計畫，所以與他
相關的著作相當豐富，而就《清儒傳略》所錄之畢沅著作以觀，洋洋灑灑的
有幾十種〔註140〕，扣除部分併入相關的詩集後，加上其他文獻所錄，今日
可知之畢沅著作有三十多種，大多收入於《經訓堂叢書》中。依種類排列，
簡要介紹如下：

〔註138〕〔清〕錢大昕著：《潛研堂文集・卷四十二・太子太保兵部尚書湖廣總督世襲
　　　　二等輕車都都尉畢公墓誌銘》。
〔註139〕〔清〕汪中撰：《述學・卷六・別錄・十七・與巡撫畢侍郎書》。
〔註140〕詳參嚴文郁編：《清儒傳略》（臺北：臺灣商務印書館，1990 年 6 月），頁 222。

一、經學類〔註141〕

　　經學，是研究儒家重要典籍的學問，自漢武帝罷黜百家、獨尊儒術以後，經學便成為士人治學的重點，歷來學者皓首窮經者，所在多有。經過千年的發展，到了乾嘉時期，樸學大興，考據、訓詁之風正盛，所以對於經典的考證，是當時熱門的學問，而畢沅著有《夏小正考注》一卷，見於《經訓堂叢書》中。《夏小正》原見於《大戴禮記》中，是今存最早關於星象、農事的曆書。另有《傳經表》一卷與《通經表》一卷。《傳經表》的內容分為《易》、《書》、《詩》、《春秋》、《禮》五部分，將古書中傳承五經的師承與源流詳細列出；《通經表》則是收錄師承無法考核的傳習經學者。

　　《經訓堂叢書》中，有收錄畢沅之師——惠棟所撰寫的《易漢學》八卷、《明堂大道錄》八卷、《禘說》二卷，一共三部作品，皆是惠棟關於經學研究的名著，其研究經義，以《易》為軸心，推展出相關理論。畢沅收錄此三部作品，除了表示對於老師的尊敬外，亦可見其對於經學研究的看重。

二、史學類〔註142〕

　　史書是記錄歷史的重要書籍，自古以來，由私人撰史至官方纂史，逐漸成為官方的專權，因能以國家之力收集材料，亦能掌握話語權，不過，自乾嘉時期開始，私人修史的風氣漸盛，畢沅與其幕府的賓客們，費了二十多年的時間，方才撰寫了《續資治通鑑》二百二十卷，見於《經訓堂叢書》中。

三、方志類

　　方志是一種兼包歷史與地理的書籍，內容包括環境、氣候、地理、歷史、人文，而自古以來，便有編纂方志的記載，約可上溯至東周時。《經訓堂叢書》中有畢沅校正的《長安志》二十三卷、《三輔黃圖》六卷，及其輯錄《三輔黃圖補遺》一卷。《長安志》宋敏求撰，成於北宋，詳細記錄了長安城的資料，而《三輔黃圖》則是記錄長安一帶地區的地圖，畢沅將此二書與其他

〔註141〕此將文字、聲韻、訓詁學等傳統視為經學類的小學相關的書籍置於「小學類」，留後而論。

〔註142〕此外，雖非畢沅著作，但與畢沅關係密切的還有《史籍考》一書，是他協助章學誠所撰寫的，欲續寫朱彝尊《經義考》，但僅成一百卷，畢沅便已病逝，斷了財援。後來幾經波折，在謝啟昆及其幕賓的幫助下，此書已成三百二十五卷，但尚未完稿，章氏便已病逝，而未完的原稿，後來也不幸燬於戰火。

舊書、文獻相對照，比較、增修了不少了內容，且在校刊《三輔黃圖》時，發現他所校正的版本，尚有諸多疏漏未錄，他便將那些散佚於他書的內容輯出，成爲《三輔黃圖補遺》一卷。

除了畢沅親自校正的《長安志》等書外，畢沅也主持了《西安府志》、《湖北通志》的編纂。《西安府志》主要是由嚴長明負責編寫，記錄了西安府一帶的風土、民風、歷史、地理等相關事蹟，內容相當豐富，且結構完整。比較可惜的是《湖北通志》，該書由畢沅主持，章學誠編纂，但在畢沅離開湖北後，編纂的工作無人支持，章氏之用心又屢遭否定，其便將原稿帶走，從此未刊行，今僅存殘卷，無法窺其原貌。

四、地理類

地理一詞最早見於《周易・繫辭上》：「仰以觀於天文，俯以察於地理。」〔註143〕，指的是山脈、河川、土地等的環境形勢，而地理學則是記述自然科學與人文科學的專門學問。在乾嘉時，多數的地理書都是記錄河流、水利工程相關，畢沅長年擔任地方官吏，此類書籍的撰寫或校正，就是很重要的事情，方才有利其統治該地區。畢沅考證《晉書・地理志》，校修了其中的譌誤，並且補齊缺漏處，纂成《晉書地理志新補正》五卷，此外，也囑咐洪亮吉與他由舊籍中輯佚，試圖還原《王隱晉書地道記》、《晉太康三年地記》兩本晉代的重要地理著作。還有，畢沅校注了《山海經》而成《山海經新校正》十八卷，其詳考了該書的篇目、文字、山川等，爲今日研究《山海經》的重要典籍，影響後人校治《山海經》。上述四書皆見於《經訓堂叢書》中。另有《關中勝蹟圖志》三十二卷，是書乃畢沅於陝西巡撫任上所作，將關中地區的各式名勝古蹟皆納於此書，體製宏偉，圖、詩、文並茂，且考證詳實，是重要的典籍。

五、子書類

自先秦時代，思想解放，諸子百家爭鳴後，各思想家的著作便逐漸成爲重要的典籍，而清代考據學盛，學者們常引用先秦子書的說法，所以子書的正確性，便成爲引用前的重要課題。《經訓堂叢書》中，收錄了四本校正的子

〔註143〕〔宋〕朱熹撰：《周易本義》（臺南：靝巨出版社，1984年9月），頁263。

書，包括《老子道德經考異》二卷、《墨子》十六卷、《呂氏春秋》二十六卷、校注《晏子春秋》七卷。前三本爲畢沅所考注，而《晏子春秋》之校注則是孫星衍受畢沅之託所作。此四書在今日仍是相關子書的研究者，相當重要的援引文獻。

六、文學類

畢沅在文學方面的著作甚多，如《樂遊聯唱集》二卷，記錄了畢沅與其幕賓們相互唱和、吟詠聯對的詩句。此外，畢沅選編《吳會英才集》二十四卷，載錄其幕賓詩歌爲主的地方詩歌總集，內含方正澍、洪亮吉、黃景仁、孫星衍等名家詩作近一千六百首。關於畢沅自己的詩作，其撰有《靈巖山人詩集》四十卷，收錄詩作兩千多首；還有《靈巖山館文鈔》，內容載錄了奏議類的相關手稿。時至今日，這些作品的文學價值與貢獻仍是不可小覷。

七、書畫類

自古以來，中國的文人雅士對於古物的收藏是一種樂趣，更是一種雅癖，能夠藏有書畫、金石、藝術品等，是身分的象徵，也是品味的展現。在清代，各個皇帝都頗愛收藏，尤其是乾隆時期，「高宗深于賞鑒，凡海內得宋元明人書畫者，必使蘇工裝潢」，〔註144〕因著皇帝的喜好，上之所喜，下之風偃，整個社會的風氣自然就流行起來，所以在那時的著名收藏家有許多，包括畢沅、陳望之、吳杜村等，連帶著秦長年、徐名揚、張子元、戴彙昌這些工匠們，也都一時名噪。〔註145〕畢沅相當喜愛收藏，尤其書畫類或是古物，令他愛不釋手。其與弟弟畢瀧，皆是著名的收藏家。他曾將自己所收藏的書畫，編目成爲《河間書畫錄》，詳載了相關的資料，可惜該書亡佚，今不得見其傳本，不過，所幸尚可從《石渠寶笈》、《秘殿珠林》等書輯佚，方得管窺原貌。

西元 1970 年 10 月，在江蘇省吳縣上沙村，南京博物院考古組會同當地農民，一起挖掘了畢沅的墳墓。自墓中出土了陪葬的物品，統計有 110 件，約可分爲冠帶服飾、金銀頭面首飾、玩物類、日用品四類，質地大多是貴重

〔註144〕〔清〕錢泳著；張偉點校：《履園叢話・卷十二藝能・裝潢》，《歷代史料筆記叢刊》第 36 冊（北京：中華書局，1979 年），頁 217。

〔註145〕同上注。

的金銀、寶石、玉品、珠翠。〔註146〕除了這些出自其墓壙的陪葬品外,他曾收藏過的珍奇寶物,可是多到難以詳估〔註147〕,只是在其逝世不久後,便因被抄家而散盡。其於陝西巡撫任上,巧逢其六十歲的生日,底下的官員們都想要送禮討好,但他「概却勿收」,拒絕了所有好意。有一位縣令派人送來了二十個「古甎」,號稱上面的題識都是秦代或漢代,這讓畢沅很開心,就召見那位送禮來的僕人,好好獎勵他,並且問他這個東西哪裡來的,沒想到那位僕役得意忘形,就全盤托出──他是如何辛苦的託人製作,都是爲了要孝敬大人。這讓在場所有的人都笑而不語。〔註148〕足見畢沅之好古,是眾人皆知的。他喜歡鑑定古物的眞僞,其鑑定的古物來源,除了自己的收藏品外,還有來自他的親人,包括弟弟畢瀧、姻親趙懷玉,另外也有他朋友的藏物,像是金石學家黃易,或是他的同鄉、同僚、同年、同輩者等人的藏品,也都常請他鑑定,足見其辨僞的能力不差。〔註149〕他曾經擁用的字畫藏品,包括宋代張擇端《清明上河圖》、明代馬守貞《蘭竹圖》、張即之《行書杜詩卷》、程嘉燧《山水冊》、清代邵彌《人物山水冊》、惲壽平《清江釣艇圖》等名家畫作〔註150〕,以下即將今日仍傳世的畢沅書畫收藏品擇要概述如下:

(一)《清明上河圖》

在畢沅的書畫藏品中,最著名的當屬《清明上河圖》,乃中國十大傳世名畫之一,原作是絹本,縱 24.8 公分,橫 528.7 公分,乃北宋的著名畫家張擇端〔註151〕描繪宣和間汴京(今河南省開封市)的仕女出遊時,汴河兩岸的風光與景致。畫作以長卷呈現,將繁複的景色、人物納於畫中,據統計,畫作中共有 550 多人、牲畜 60 多頭、船隻 20 多艘、房屋 30 多棟,車 13 輛、

〔註146〕參南波著:〈江蘇吳縣清畢沅墓發掘簡報──十八世紀後期一個官僚地主奢侈腐朽生活的寫照〉,《文物資料叢刊》1,頁 142。

〔註147〕侯米玲根據了《石渠寶笈》、《秘殿珠林》及畢沅友人的詩文集等,統計出畢沅、畢瀧兩兄弟的收藏品約有兩百二十九件,屬於唐宋的有五十六件、元代六十二件、明代八十六件、清代二十五件。詳參侯米玲撰:〈畢沅與畢瀧的書畫船〉,《史物論壇》第 13 期(2011 年 12 月),頁 29。

〔註148〕〔清〕胡思敬著:《九朝新語‧卷一二‧一六》,《近代中國史料叢刊‧第四十五輯》第 447 冊(臺北:文海出版社,1970 年),頁 2412。

〔註149〕詳參陳雅飛撰:〈畢沅書畫鑒藏芻議(下)──鑒賞篇〉,《榮寶齋》(2011 年7 月),頁 229〜231。

〔註150〕詳參葉子著:《中國歷代收藏家圖表》,頁 227。

〔註151〕張擇端(1085〜1145 年),字正道,東武(今山東諸城)人。爲北宋著名的畫家,尤擅長界畫,其繪舟車、房屋、城郭、橋梁等,皆有自己獨特的風格。

轎 8 頂、橋 17 座、樹木 180 棵，是中國古代規模最大的風俗畫。人物的穿著不同，神態各異，無論是人物或是景色，皆栩栩如生，是工筆的佳作。

《清明上河圖》剛完成時，是張擇端自己獻給宋徽宗，至明代嘉靖皇帝時，轉手到太子少保陸完手上，其子在陸完過世後，又轉賣給顧鼎臣，不久被嚴嵩強奪而去，待嚴府遭抄，便再傳回皇宮。清代時，流傳到陸費墀手中，不久再被畢沅購去，與弟弟畢瀧常共鑑賞之。

詳觀此畫，畫軸最前端有「畢秋颿書畫記」朱印，畫右下方最初有「畢沅祕藏」朱印，左下角有畢沅「婁東畢沅鑒藏」朱印，後方有金人張著用行楷寫成的跋文，跋文旁有「畢沅祕藏」朱印，文中有「畢」朱印，之後還有「畢沅之章」、「畢沅祕藏」、「秋颿」等朱印。在畢瀧、畢沅相繼過世後不久，畢家被抄，畫作也就重回了皇宮。幾經波折，今藏於北京故宮博物院。〔註 152〕

（二）《宋張即之書李衎墓志銘卷》

此卷是張即之在淳祐五年（1245 年）以楷體書寫李衎〔註 153〕的墓誌銘，共有一千兩百多字。墓誌銘文為李衎之好友邵明仲所撰寫，而張也是李衎之好友，故為其書。紙本長 28.5，寬 604.5 公分；前隔水綾本，長 27.8，寬 13.3 公分；後隔水綾本，長 27.8，寬 13.3 公分；拖尾紙本，長 28.6，寬 93.7 公分。

張即之（1186～1263 年），字溫夫，號樗寮，南宋時歷陽烏江人（今安徽省和縣），曾任歷任司農寺丞、直祕書閣等官，豐坊稱其「書學米元章而變以奇勁，有春花秋水之勢。」〔註 154〕，以善書聞名天下。

此卷上有諸多印鑑，包括畢沅的「靈巖山人祕笈之印」、「畢沅之章」、「秋颿」、「畢秋颿書畫記」、「畢沅祕藏」、「婁東畢沅鑑藏」諸印。今藏於臺北國立故宮博物院。〔註 155〕

〔註 152〕除至北京故宮賞真跡外，亦可參〔宋〕張擇端繪：《清明上河圖》（天津：天津人民美術出版社，2009 年 1 月），該書彩色複印自北京故宮博物院藏圖，為拉圖式書籍，可一覽全貌。

〔註 153〕李衎字仲容，元朝大都人，善繪墨竹，與趙孟頫、高克恭並稱為「元初畫竹三大家」。其事蹟詳見柯劭忞著：《新元史・卷一百八十八・列傳第八十五》（臺北：臺灣開明書店，1962 年 8 月），頁 376～377。

〔註 154〕〔明〕豐坊撰：《書訣》（民國四明叢書本）。

〔註 155〕詳參〔清〕張照等編纂：《秘殿珠林石渠寶笈合編》（上海：上海書店出版社，2011 年 1 月），頁 1511～1514。又參國立故宮博物院編：《故宮書畫錄・卷一》

（三）《宋常杓篆書宋人詞冊》

此冊爲常杓所書。常杓，南宋人，生平不詳。其自題書寫於寶慶丁亥年（1227 年）七夕。本幅有十三幅絹本，皆爲長 24.5，寬 11.1 公分，後副葉四幅，第一至三幅題跋紙本，皆長 25.1，寬 10.4 公分，第四幅印章紙本長 22.5，寬 13.5 公分。

此詞冊共有三段，第一段係用小篆書〈歸去來辭〉，第二段則以銘文書〈送李願歸盤谷序〉，第三段亦用小篆作〈紅白蓮〉。

此卷上有諸多印鑑，包括畢沅的「畢沅祕藏」、「畢沅審定」、「秋颿珍賞」、「婁東畢沅鑑藏」、今藏於臺北國立故宮博物院。〔註156〕

（四）《元倪瓚自書詩稿冊》

此冊爲倪瓚〔註157〕手寫行書的詩稿，詩皆見其所撰之《清閟閣全集》中。倪瓚（1301～1374 年），字元鎮，一字玄瑛，號雲林、幻霞生、風月主人等，江浙行省無錫州（今江蘇省無錫市）人。其爲元代著名的詩人、畫家、書法家。

本幅有十六幅紙本，皆爲長 24.4，寬 20.1 公分，前副葉一幅紙本，長 24.8，寬 41.8 公分，後副葉二幅紙本，第一幅長 28.6，寬 40.1 公分，第二幅長 28.6，寬 43.2 公分。

此卷上有諸多印鑑，包括畢沅的「畢沅寶藏」、「畢沅審定」、「畢秋颿書畫記」、「畢沅祕藏」，今藏於臺北國立故宮博物院。〔註158〕

（五）《元趙孟頫七札冊》

此冊爲趙孟頫手寫的行書尺牘七封。趙孟頫（1254～1322 年）字子昂，號松雪道人，元代著名書畫家。長於書法，尤工行、楷，亦善繪山水、人等畫，著有《松雪齋集》。

本幅有七幅紙本，第一幅長 30.6，寬 62.8 公分；第二幅長 28.4，寬 53.4

第 1 冊（臺北：國立故宮博物院，1965 年），頁 69～73。
〔註156〕詳參〔清〕張照等編纂：《秘殿珠林石渠寶笈合編》，頁 1505～1507。又參國立故宮博物院編：《故宮書畫錄・卷三》第 1 冊，頁 28～31。
〔註157〕其生平詳參周南老撰：〈元處士雲林先生墓志銘〉，見〔元〕倪瓚撰：《清閟閣全集》，《叢書集成續編》第 168 冊（臺北：新文豐出版公司，1989 年），頁 552～553。
〔註158〕詳參〔清〕張照等編纂：《秘殿珠林石渠寶笈合編》，頁 1615～1623。又參國立故宮博物院編：《故宮書畫錄・卷三》第 1 冊，頁 58～66。

公分；第三幅長 24.9，寬 43 公分；第四幅長 26.7，寬 47.5 公分；第五幅長 31.2，寬 40.7 公分；第六幅長 25.8，寬 40.9 公分；第七幅長 26.9，寬 41.9 公分；後副葉紙本，長 28，寬 39.6 公分。此帖亦刻入《經訓堂法帖》中。

此卷上有諸多印鑑，包括畢沅的「秋颿」、「畢沅祕藏」、「畢沅寶藏」、「畢沅審定」、「秋颿珍賞」，今藏於臺北國立故宮博物院。〔註 159〕

（六）《明文徵明書莊子冊》

此冊爲文徵明手書《莊子》第四到第七篇，墨筆烏絲闌小楷書，每幅有十二行，每行廿五字，唯第一幅增一行，共有五千多字。成於明嘉靖壬辰（1532年），時年作者六十三歲。文徵明（1470～1559 年），初名壁，字徵明，後以字行，別字徵仲，號衡山，江蘇蘇州（今江蘇省吳縣）人。其詩、文、書、畫皆佳，與徐禎卿等人並稱爲「吳中四才子」，亦爲明代四大畫家之一，著有《甫田集》。

本幅有廿七幅紙本，皆爲長 18，寬 9.4 公分；後幅紙本二幅，長 23.3，寬 27.1 公分。

此卷上有諸多印鑑，包括畢沅的「畢沅審定」、「秋颿珍賞」。今藏於臺北國立故宮博物院。〔註 160〕

（七）《明董其昌書白居易琵琶行冊》

此冊是董其昌以行書撰寫唐代名詩人白居易的詩作《琵琶行》。董其昌（1555～1636 年），字玄宰，號思白、香光居士。明代著名的書畫家，華亭（今上海市松江縣）人。其不僅書法卓越，畫功瀟灑，詩、文皆頗有佳作。

本幅六對幅紙本，每幅均長 26.7，寬 12 公分；後副葉一幅紙本，長 32.6，寬 32.8 公分。上有諸多印鑑，包括畢沅的「畢沅審定」、「秋颿珍賞」「婁東畢氏眞賞」、「畢秋颿書畫記」諸印。今藏於臺北國立故宮博物院。〔註 161〕

（八）《明文徵明書過庭復語十節卷》

此卷爲文徵明七十二歲時，在友人的邀請下，重以行書書寫友人家訓十

〔註 159〕詳參〔清〕張照等編纂：《秘殿珠林石渠寶笈合編》，頁 1555～1557。又參國立故宮博物院編：《故宮書畫錄・卷三》第 1 冊，頁 38～41。

〔註 160〕詳參國立故宮博物院編：《故宮書畫錄・卷三》第 1 冊，頁 58～66。亦參國立故宮博物院編纂：《故宮歷代法書全集》，第 23 冊（臺北：國立故宮博物院，1978 年 9 月），頁 17～28、145～149。

〔註 161〕詳參〔清〕張照等編纂：《秘殿珠林石渠寶笈合編》，頁 2048～2049。又參國立故宮博物院編：《故宮書畫錄・卷三》第 1 冊，頁 104～106。

節，以供觀參。

本幅紙本，長 32.7，寬 1463.9 公分。上有諸多印鑑，包括畢沅的「婁東畢沅鑑藏」、「靈巖山人書畫記」、「畢秋颿書畫記」、「畢沅之章」、「湘衡珍賞」諸印。今藏於臺北國立故宮博物院。〔註 162〕江兆申、朱惠良皆曾撰專文探究此卷。〔註 163〕

（九）《明五家寒山寺募緣疏真跡卷》

此冊是唐寅（1470～1524 年）、毛堪（生卒不詳）、趙宧光（1559～1625 年）、范允臨（1558～1641 年）、陳鎏（1506～1575 年）五位文人書家，他們為修建寒山寺募款而書的之募緣書棠。寒山寺在今江蘇省蘇州市。

本幅紙本，長 56.4，寬 821.2 公分。上有諸多印鑑，包括畢沅的「太倉畢氏」、「畢秋颿書畫記」、「秋颿書畫圖章」、「婁東畢沅鑑藏」、「畢沅審定」、「畢沅之章」、「靈巖山人颿書畫記」諸印。今藏於臺北國立故宮博物院。〔註 164〕

（十）《明董其昌論畫冊》

此冊是董其昌以行書撰成，書於明萬曆四十一年（1613 年）其五十九歲時。為其論述賞書畫、評書家、談書理等理論的著作，其云：「看畫如看美人，其風神骨相，有在肌體之外者。」〔註 165〕將賞畫與欣賞美人相提並論。

本幅二十幅紙本，每幅均長 26.8，寬 30 公分。上有諸多印鑑，包括畢沅的「畢沅審定」、「秋颿珍賞」「婁東畢纕蘅藏」諸印。今藏於臺北國立故宮博物院。〔註 166〕

（十一）《明王寵自書五憶歌卷》

此卷王寵主要以今草撰成，部分字跡帶有章草形跡，為其三十五歲時的

〔註 162〕詳參〔清〕張照等編纂：《秘殿珠林石渠寶笈合編》，頁 1897～1899。又參國立故宮博物院編：《故宮書畫錄・卷一》第 1 冊，頁 111～114。

〔註 163〕詳參江兆申，〈文徵明書過庭復語卷〉，《吳派畫九十年展》（臺北：國立故宮博物院，1975 年），頁 312。朱惠良，〈四海一家──本院文物赴美參展「一四九二之際探險時代之藝術」圖錄專輯〉，《故宮文物月刊》，第 103 期（1991 年 10 月），頁 20～21。

〔註 164〕詳參〔清〕張照等編纂：《秘殿珠林石渠寶笈合編》，頁 2723～2727。又參國立故宮博物院編：《故宮書畫錄・卷一》第 1 冊，頁 153～158。

〔註 165〕〔清〕張照等編纂：《秘殿珠林石渠寶笈合編》，頁 2043。張照於「有」字前注「疑脫在字」，按文理而觀，加上「在」字為宜，據改。

〔註 166〕詳參〔清〕張照等編纂：《秘殿珠林石渠寶笈合編》，頁 2043～2046。又參國立故宮博物院編：《故宮書畫錄・卷三》第 1 冊，頁 123～126。

作品，寫在金粟山藏經紙之上，將其極富特色的筆畫點捺都表現得淋漓盡致，是其佳作。王寵（1494～1533年），字履仁，又字履吉，號雅宜山人，長洲（今江蘇蘇州）人。從小便與其兄長王守一起向文徵明學習書法。雖是後輩，但與前輩王寵是文徵明、祝允明被並稱爲吳中三家。

本幅紙本，長29.3，寬294.7公分。上有諸多印鑑，包括畢沅的「畢沅祕藏」印。今藏於臺北國立故宮博物院。〔註167〕

（十二）《明婁堅自書詩冊》

此冊是婁堅書寫自己創作的詩作。原本應載有二十首詩，行書、草書各半，但傳本缺漏草書兩首。婁堅（1567年～1631年），字子柔。蘇州府嘉定（今屬上海市嘉定區）人。婁堅師從歸有光，頗具才氣，能詩能書，尤工行楷，是當代著名的書法家。生平見載於《明史‧列傳第一百七十六》。

本幅金牋本，長29.3，寬18.2公分；全幅長35，寬44公分。共有九幅，前五幅行書，後四幅草書。上有諸多印鑑，包括畢沅的「畢沅審定」、「畢秋颿書畫記」諸印。今藏於臺北國立故宮博物院。〔註168〕

（十三）《清沈荃臨米芾詩帖卷》

此卷是沈荃以行書寫米芾《苕溪詩帖》六首，成於康熙二十年（1681年）。沈荃（1624～1684年），字貞蕤，號繹堂，別號充齋，江蘇華亭（今上海市松江區）人。爲清代著名的書法家，宗法米芾、董其昌二家，著有《充齋集》。

本幅24.5，寬203.8公分，隔水一15公分，隔水二14.1公分。上有畢沅的「畢秋帆書畫記」印記。今藏於臺北國立故宮博物院。〔註169〕

（十四）《元趙孟頫二贊二詩》

此是元代趙孟頫以行書所寫，卷款署有「湖州觀堂與受益外郎飲酒，一杯之余，便覺醉意橫生。戲書此卷，爲他日一笑之資。孟頫。」〔註170〕由此署款可知這是趙孟頫與朋友在湖州觀堂相聚時，大夥一邊飲酒，一邊玩得乘

〔註167〕詳參〔清〕張照等編纂：《秘殿珠林石渠寶笈合編》，頁1946～1947。又參國立故宮博物院編：《故宮書畫錄‧卷三》第1冊，頁122～123。

〔註168〕詳參〔清〕張照等編纂：《秘殿珠林石渠寶笈合編》，頁2086～2087。又參國立故宮博物院編：《故宮書畫錄‧卷八》第4冊，頁18。

〔註169〕詳參〔清〕張照等編纂：《秘殿珠林石渠寶笈合編，頁2150。又參國立故宮博物院編：《故宮書畫錄‧卷八》第4冊，頁6。

〔註170〕〔元〕趙孟頫畫；故宮博物院編；王連起主編：《元趙孟頫二贊二詩》（北京：紫禁城出版社，2008年8月）。

興時而書寫的，所以筆畫流動自然圓轉，與趙孟頫平日的墨跡不盡相同。明人王世貞曾評云：

> 作者有全力而無先意，乃得佳耳。此卷趙無興行書二贊二圖詩及跋尾凡二百三十二字，李北海法十四，米襄陽法十六，而妙際時以大令發之。天真縱逸中極自緊密，波磔遒麗外不廢拙古。所謂信手拈來，頭頭是道。〔註171〕

本幅紙本長27公分，寬456.3公分。卷首有畢沅的「靈巖山人秘玩」印記。今藏於北京故宮博物院。〔註172〕

（十五）《顏魯公竹山書堂連句詩》

此爲顏眞卿手書之《竹山堂連句》墨本，但眞迹早已亡軼，今傳世者爲唐人摹本。顏眞卿（709～785年），字清臣，唐代長安人。他是書法史上成就相當高，影響力甚強的書法家，風格自成一派，具有方正寬大、雄渾磅礡等特色，世人習稱其字體風格爲「顏體」。

《竹山書堂連句》又稱《竹山潘氏堂聯句》，爲顏眞卿與友人們在竹山堂一同作詩聯句的作品。長28.2，寬13.7公分，共有15頁，每頁6行，一共298字。今藏於北京故宮博物院。上頭雖未見畢沅藏印，但據錢泳云：

> 顏魯公《竹山書堂連句》詩眞迹，書于絹素，雄古渾厚，用墨如漆，迥非後人所能模仿。國初藏眞定梁相國家，刻入《秋碧堂帖》者是也。乾隆辛亥歲，爲畢秋帆先生所得。先生歿後，圖籍星散，又爲揚州吳杜村觀察所有。〔註173〕

亦曾爲畢沅所藏，但藏之不久便流傳至他人手上。

（十六）《宋范文忠行書卷》

清人孔廣陶在《過雲樓書畫記》中曾有一篇〈范文忠行書卷〉，記錄畢沅與此卷的關係，其云：

> 文忠爲我世祖章皇帝表章前代二十忠臣之首，署款云：永巖老先生留意書法，每與王丈談及墨妙，故鬱燠中，謬意臨池，請正大

〔註171〕〔明〕王世貞撰《弇州四部稿・卷一百三十一・趙文敏公行書》，《景印文淵閣四庫全書》第1281冊（臺北：臺灣商務印書館，1986年7月），頁184。

〔註172〕詳參〔清〕張照等編纂：《秘殿珠林石渠寶笈合編》，頁2150～。又參國立故宮博物院編：《故宮書畫錄・卷八》第4冊，頁6。

〔註173〕〔清〕錢泳著；張偉點校：《履園叢話・卷十收藏・唐》，《歷代史料筆記叢刊》第36冊，頁178。

方」則永巖亦能書者。字作褚河南體。……畢秋帆亦嘗球璧奉之也。
〔註174〕

此卷乃是范仲淹的行書作品，據孔氏所錄可知畢沅曾將此卷視爲珍寶好好收藏過，上有其「經訓堂鑒藏」等印記。

（十七）《元趙孟頫小楷書洛神賦卷》

清人吳榮光在其《辛丑銷夏記》中，有記錄〈元趙文敏小楷書洛神賦卷〉，其云：

> 紙本，高九寸一分，長三尺五分。左方下角有「松雪齋圖書印」，右方款「孟頫」二字，上蓋「趙氏子昂」印，皆朱文。幅前有「神品」朱文印，「口繪子章」半白半朱印、「觀古齋」白文印、「畢沅審定」印、「秋颿珍賞」印，皆朱文。幅後有「畢瀧鑒賞」印、「沈周寶玩印」，皆朱文。「易」字印「袁氏通父」印，皆白文。〔註175〕

就此紀錄可知，此卷的尺寸大小，上頭除有趙孟頫自己的朱印外，還有畢沅的「畢沅審定」、「秋颿珍賞」二方朱印，足見畢沅亦曾珍藏過，其弟畢瀧亦曾品鑑過。

（十八）《明董其昌書道釋語冊》

本冊見載於《秘殿珠林》，書中詳載尺寸：

> 本幅羅紋牋本。八對幅，皆縱五寸八分，一至十、十二，橫三寸五分；十一，橫三寸七分；十三、十五，橫三寸六分；十四、十六，橫三對三分。〔註176〕

該冊是明代書畫家董其昌以行書寫了包括善導和尚的法語、龐居士與傅大夫等人的詩，上有畢沅的「畢沅寶藏」、「畢沅審定」、「秋颿珍賞」印記，代表其曾經收藏過該物。

（十九）《元趙文敏書妙法蓮華經第五卷》等。

《辛丑銷夏記》還有記錄〈元趙文敏書妙法蓮華經第五卷〉一卷，吳榮光云：

〔註174〕〔清〕孔廣陶撰；〔清〕顧文彬撰；柳向春校點：《過雲樓書畫記・嶽雪樓書畫錄》（上海：上海古籍出版社，2011 年 8 月），頁 72。

〔註175〕〔清〕吳榮光撰；陳颯颯校點《辛丑銷夏記，卷之三》（上海：上海古籍出版社，2015 年 7 月），頁 162。

〔註176〕詳參〔清〕張照等編纂：《秘殿珠林石渠寶笈合編》，頁 122～123。

失記尺寸。……紙本，眞書，小如《黃庭經》，字計一萬三千有奇。
前有「趙」字印、「大雅」印，後有「大雅」印、「趙孟頫印」、「趙
氏書印」、「天水郡圖書印」。無款……紙本凡七卷，文敏爲本師中峯
書。在明時已缺第二卷，夏太常（曰永）補之，見《江村銷夏錄》。
金君延恩云：最後爲王儼齊司農所藏，只存五卷，仿辨才收《蘭亭》
之例，爲五木匣懸屋梁上。一日匣內火起，燒去兩卷半。後爲安徽
吳姓購得兩卷，吳亦中落，以一卷售之畢秋帆制府沅，得千金，故
剩此一卷也。〔註177〕

「文敏」爲趙孟頫的諡號，此卷乃是趙氏以楷書寫成的《妙法蓮華經》第五
卷，是他送給中峯和尙〔註178〕的。原本有七卷，但輾轉來去後，一卷被畢沅
買去，另卷即吳榮光所見及的。

總結以上，可知畢沅對於自己的收藏品，其有相當多的藏印，如：

畢沅、畢沅之章、畢沅審定、畢沅鑒藏、畢沅祕藏、畢沅寶藏、婁
東畢氏眞賞、秋颿書畫圖章、經訓堂珍藏印、婁東畢沅鑒藏、秋颿
寶玩、秋颿珍賞、秋颿、珍賞、畢沅一字纕蘅、湘蘅珍賞、秋颿書
畫、畢秋颿書畫記、婁東畢纕蘅藏、婁東畢沅珍藏、靈巖山人祕笈
之印、靈巖山人書畫記、經訓堂書畫記、靜寄軒圖書印。〔註179〕

以上共計二十四個方印。由這些藏印——「鑒藏」、「審定」、「祕藏」、「寶藏」、
「寶玩」、「珍賞」可知，他對自己的鑑賞能力很有自信，殷志強亦說：

畢沅生前酷愛文物，是一位文物收藏家，並且很有眼力，收藏的雖
都是小件文物，但件件都是眞品、精品。〔註180〕

畢沅對於收藏古物的興趣濃厚，甚至要花百金、千金，也往往是在所不
惜，《九朝新語》中即記載：

畢秋帆好古畫，嘗以八百金購一李後主《江山半壁圖》，宋明名公題
跋殆徧。未幾，又一人持一卷至畫，精而無題跋，又以八百金購之，
人皆不解。秋帆曰：「此市賈狡獪。合之則成完璧矣。」〔註181〕

〔註177〕〔清〕吳榮光撰；陳颯颯校點《辛丑銷夏記，卷之三》，頁131～132。
〔註178〕「中峯」是元代高僧，其釋名「明本」，號「中峯」，主持吳興的弁山幻住庵。
中峯和尚雖小趙孟頫九歲，但趙對他相當尊敬。
〔註179〕參侯米玲撰：〈畢沅與畢瀧的書畫船〉，《史物論壇》第13期，頁43。
〔註180〕殷志強著：〈畢沅藏玉賞析〉，《龍語文物藝術》（1992年4月），頁57。
〔註181〕〔清〕胡思敬著：《九朝新語・卷一二・一八》，《近代中國史料叢刊・第四十

以他精準的鑑賞力，一眼就知道這兩幅《江山半壁圖》是由一幅拆成兩幅，其一是真畫，但上頭其他鑑賞家的題跋遭拆去；其二是偽畫，再配上原畫上的鑑賞家題跋，以假亂真。畢沅為了要得之全貌，不惜通通買下，對古物之癡好，可見一斑。

八、金石類

金石學是研究鐘鼎銘文、石刻文字的學問，可概分為金文與石刻，其中石刻相關學說最早出現於漢代，發展至清代最為鼎盛。自清初，顧炎武、閻若璩、朱彝尊等人便開始熱衷研究。乾嘉時，接續先前的熱潮，金石學穩定發展。隨著畢沅被派任至四方，其於各地發現不少的金石、碑碣、拓本，成為他撰寫金石著作的豐厚材料。他在陝西時，著有《關中金石記》八卷；在河南時，與洪亮吉等幕賓合著《中州金石記》五卷；在山東時，則與阮元合撰《山左金石志》二十四卷；在湖廣時，請嚴觀、馬紹基四處探索金石，寫成《湖北金石詩》一卷。《關中金石記》、《中州金石記》見於《經訓堂叢書》。以上四本書，不僅是為當地的文物保存留下了良好的紀錄，更是成為研究金石學者不可或缺的文獻。此外，畢沅審定了《經訓堂法帖》，由其姪畢裕曾編次，幕賓錢泳鐫刻而成，內容刻錄了歷代的名人書法拓印，為重要的私人拓本，以供後人臨摹、欣賞。畢沅還編著有《秦漢瓦當圖》一書，收錄四十片瓦當拓片，為瓦當文字研究的重要輯本。以下先談及畢沅的幾樣金石類收藏品，其他那些可以「金石學」概括而論的相關書籍之內容、價值，將於後以專章析論。

（一）玉　器

從畢沅與其妻汪德與五位妾室合葬的墓穴中可以發現許多的玉器，包括翡翠朝珠、碧玉朝珠、翡翠頭飾、白玉帶板、首飾、耳飾、手飾等，除了反映當時的流行風尚與手藝精巧外，也顯示他的眼光高超。今就其墓發掘報告等相關研究與資料〔註182〕，擇要說明如下：

五輯》第 447 冊，頁 2415。

〔註182〕詳參南波著：〈江蘇吳縣清畢沅墓發掘簡報——十八世紀後期一個官僚地主奢侈腐朽生活的寫照〉，《文物資料叢刊》1；殷志強著：〈畢沅藏玉賞析〉，《龍語文物藝術》，頁 57～61；徐耿華著：《三秦史話‧學者督撫畢沅》，頁 68～71。

1、三孔古玉刀

此物出自畢沅棺木的墓壙中，是其收藏的玉器中，年代最早的。玉刃長36.6 公分，刀身長 33.7 公分，寬 8.6 公分，厚約 0.1 公分。「刃部內弧；兩肩斜收，背部中央琢等距對穿三孔，琢磨精細。刃系用醬狀黃玉琢制，質地溫潤細膩」〔註183〕，雖久埋地底，已變成「亞光狀」，但其價值仍是不斐，魅力萬千。由其穿的三孔來看，「似出自新石器時代晚期至夏代的玉匠之手」〔註184〕，由其外觀看來，沒有明顯的使用痕跡，可能是一種古代的禮器。

2、蓮瓣綰髻玉冠

此物亦出自畢沅棺木的墓壙中，旁附碧玉簪。玉冠長 9.4 公分、寬 6.6 公分、高 6.3 公分，其質材乃是和闐玉，色澤清澈，頗具光澤，造型擬作蓮花形，「前後左右四面，各雕成重疊的荷花瓣，蓮瓣邊緣外卷舒展……。玉冠頂部由兩片蓮瓣前後緩卷接合而成……左右兩側下方中央，各透穿一圓形小孔，以使玉冠戴於髮髻之後……器形富有變化而更趨完美。」〔註185〕荷花自古以來便是文人高潔的象徵物，因其出淤泥而不染，而古士人常將頭髮梳作髮髻，需用髮簪等物固定住，此玉冠就是拿來放置髮簪。碧玉簪乃作雲頭如意狀，出自宋代，乃是畢沅心愛之物，所以隨身安葬。

3、翡翠朝珠

此朝珠今藏於南京博物院，是畢沅與其愛妾生前的隨身物，因為在清代流行掛佩玉飾，尤其是高官，凡是文官五品、武官四品以上，皆可於著官服之時佩戴朝珠，是身分與地位的象徵。此朝珠的珠數 108 顆，以 4 顆碧璽佛頭和一片金背雲串起，每 27 顆珠便間串一顆佛頭，其下更垂葫蘆狀的佛頭塔，塔上聯有串珠狀的璧璽。朝珠總周長 158 公分，珠子的直徑是 1.3 公分。此朝珠可能是畢沅的夫人汪德所配戴，象徵其尊榮的地位。

4、福祿壽白玉帶

此玉帶長 180 公分，寬 6 公分，是畢沅的愛妾於生前之佩飾。此白玉帶共有帶板二十塊，「整副玉帶共嵌飾篆書壽字九十八個，鹿兩隻，蝙蝠兩隻，仙鶴四十隻，共有一四二個裝飾點，洋洋大觀頗有氣勢」〔註186〕。配合著以

〔註183〕殷志強著：〈畢沅藏玉賞析〉，《龍語文物藝術》，頁 58。
〔註184〕同上注。
〔註185〕發，應作髮。同上注。
〔註186〕殷志強著：〈畢沅藏玉賞析〉，《龍語文物藝術》，頁 60。

紅色爲主的雜色瑪瑙，相互輝映，相當具有質感。

（二）青銅器

畢沅曾收藏西周「曶鼎」與「邢叔鐘」兩個著名的銅器。

1、曶　鼎

曶鼎約莫是西周中期的器物，清中葉出土於陝西西安，初爲畢沅所藏，在畢沅之後，流傳諸家，卻不幸燬於戰火，今存拓本。曶鼎最早著錄於阮元《積古齋鐘鼎彝器款識》，其云：

> 器爲鎭洋畢秋帆尚書沅所藏，據拓本摹入。此銘錢獻之、吳侃叔竝
> 有釋文。今兼取兩家，斷以己意，疑者闕之。獻之云：鼎高二尺，
> 圍四尺，深九寸，款足作牛首形。〔註187〕

可知錢坫、吳東發〔註188〕等人有相關釋文。類似的記錄亦見《履園叢話》，錢泳云：「鎭洋畢秋帆先生巡撫陝西時得此鼎，高漢尺二尺四寸，周四尺八寸，兩耳三足。」〔註189〕綜合阮、錢二氏所說，可知曶鼎高二尺四寸，圍四尺八寸，深九寸，兩耳三足，款足作牛首形。洪亮吉亦有所記，其云：

> 乾隆戊戌歲，巡撫公得于長安，屬坫爲釋文，土花曆錄，不盡識也。
> 旣命工鏤剔，字蹟顯露，因以偏旁證之古籀，而可辨者咸得焉。巡
> 撫公矜此幸存，與同幕士更唱，再和成聯句一首，以坫如豫章之識
> 韓城鼎也，令畧疏文意，兼紀由來，書于詩後。〔註190〕

洪氏將畢沅得到此器的時間、地點寫得清楚——係畢沅於乾隆四十三年（1778年）假長安所得，並囑咐錢坫釋文，但因爲此鼎久經滄桑，而使其上之銘文無法辨識，幸好經過工匠們的修復，再加上參之古文、籀文，方可抄錄成釋文，畢沅知道這好消息後，便開心得與幕士們一同賦詩唱和，而成聯句。錢坫還在此詩後將銘文的內容大意、由來、經過等都寫在詩後，方能流傳至今。今有「靈巖山館藏曶鼎諸銘文拓片」傳世。

〔註187〕〔清〕阮元撰：《積古齋鐘鼎彝器款識・卷四》，《續修四庫全書》第901冊（上海：上海古籍出版社，2002年10月），頁618。

〔註188〕吳東發（1747～1803年），初名旦，字侃叔，一字耘廬，號芸父，清代著名文人，通經學、金石文字。

〔註189〕〔清〕錢泳著；孟裴校點：《履園叢話・卷二閒古・周曶鼎》（上海：上海古籍出版社，2012年11月），頁19。

〔註190〕〔清〕洪亮吉著：《卷施閣集・詩集・卷四・官閣圍爐集・周曶鼎聯句》，《近代中國史料叢刊續輯・第四十五輯》第445冊（臺北：文海出版社，1974年），頁896～897。

　　曶鼎之器主乃是一位名「曶」之人，其名字由來，考證如下：《說文・日部》：「曶，出氣詞也。从日⊟，象气出形。」籀文⊟從口，今無此字，皆作忽。余謂象人言時口中出气，易於散也。《春秋傳》曰：「其亡也忽焉。」《楚辭》：「忽而來兮。」《洛神賦》：「飄忽若神。」諸多例證，皆言易散之意。因著古人命名，自有意見，未必定取吉祥語，如《論語》之仲忽、《春秋》之鄭太子忽，皆名忽也。

　　曶鼎的銘文字數，歷來有諸多說法，阮元云：「右曶鼎銘四百零三字，摩滅者三十一字，疑者四字。」〔註191〕錢泳云：「中有銘文二十四行，共計四百又三字。」〔註192〕陳夢家云：

> 銘共 3 節 24 行 407 字（未剔出者 29 字）。第一節 5 行 80 字（未剔出者 7 字），第二節 11 行 188 字（未剔出者 16 字），第三節 8 行 139 字（未剔出者 6 字）。每行約爲 18 字，未剔出者皆在行末。〔註193〕

陳氏計爲 407 字，扣除未剔出之 29 字爲 378 字，《殷周金文集成》記爲 376 字，重文 4 字〔註194〕，馬承源記爲 380 字，有重文 4 字〔註195〕。阮元計爲 403 字，扣除摩滅的 31 字，再加上有疑的 4 字，共 376 字，錢泳大抵同阮元。銘文字數略有差異，大抵係因有無剔除鏽跡或釋字的差異所造成，對整體的影響不大。

　　曶鼎的銘文內容，阮元云：

> 銘分三節。第一節葢因王錫曶赤環赤金等，而用金作牛鼎以祀文考究伯也。第二節則小子斅訟于井叔，以金百爰贖五夫，曶受五夫而爲誓詞也。第三節匡眾寇曶禾十秭，曶告東宮，因與匡季爲誓詞也。
>
> 〔註196〕

〔註191〕〔清〕阮元撰：《積古齋鐘鼎彝器款識・卷四》，《續修四庫全書》第 901 冊，頁 618。

〔註192〕〔清〕錢泳著：孟裴校點：《履園叢話・卷二閱古・周曶鼎》，頁 19。

〔註193〕陳夢家著：《西周銅器斷代》（北京：中華書局，2004 年 4 月），頁 198。

〔註194〕中國社會科學院考古研究所編：《殷周金文集成》第 1 冊（北京：中華書局，2007 年 4 月），頁 40。

〔註195〕馬承源主編：《商周青銅器銘文選（三）》（北京：文物出版社，1988 年 4 月），頁 169。

〔註196〕〔清〕阮元撰：《積古齋鐘鼎彝器款識・卷四》，《續修四庫全書》第 901 冊，頁 618。此段文字，亦見錢泳《履園叢話》，參〔清〕錢泳著；孟裴校點：《履園叢話・卷二閱古・周曶鼎》，頁 19。

今人周鳳五則以語體詮釋得更清楚，其云：

> 第一段敘述曶受王命，接掌其父祖的卜官職業，得到王及井叔的賞
> 賜以鑄此鼎祭祀其父穽伯；第二段與第三段分別記載兩起訴訟始
> 末。前者所載爲一件商業糾紛：曶勾結氏的手下限賤價購買效父的
> 五夫，被氏發覺後重新訂定契約，改以百孚的銅鍰交易。曶因而命
> 允提出訴訟，在井叔的包庇下得到五夫，並向氏要求代表敗訴者需
> 向勝訴者繳付的矢五秉。後者則是一則強盜案件：過去饑荒時匡季
> 的手下搶了曶的禾十秭，於是曶向東宮控告匡，匡敗訴，培償曶五
> 田、四夫。但曶並不滿意，再度向東宮提出訴訟，要求匡季連本帶
> 利償還禾四十秭。匡季只好追加二田、一夫的賠償代價。〔註197〕

周氏將整篇銘文的內容之前因後果都論述得相當清楚。從曶鼎出土後，畢沅
身邊的諸位幕賓、文人們，便對此鼎銘文有所探討。民國後，不讓清人專美
於前，討論曶鼎的學者更是眾多，姚孝遂〔註198〕、馬承源〔註199〕、晁福林
〔註200〕、李學勤〔註201〕、張聞玉〔註202〕、松丸道雄〔註203〕、張經〔註204〕、
周鳳五〔註205〕等人都撰有專文探討，更使得此器銘之重要性愈加彰顯。

　　畢沅雖是最早收藏曶鼎的人，但也許其收藏品實在太多，他並未對此器
有特別的研究，錢泳說：

> 先生既得此鼎，久置經訓堂之東樓。余嘗請于先生，盡送曲阜孔廟，
> 供奉殿庭，垂之千古乎。卒未果，惜哉！〔註206〕

〔註197〕周鳳五撰：〈曶鼎銘文新釋〉，《故宮學術季刊》，（2015年12月，第33卷第2
　　　　期），頁2。
〔註198〕詳參姚孝遂撰：《姚孝遂古文字論集·〈曶鼎〉銘文研究》（北京：中華書局，
　　　　2010年1月），頁337～346。
〔註199〕詳參馬承源主編：《商周青銅器銘文選（三）》，頁169～172。
〔註200〕詳參晁福林撰：〈「匹馬束絲」新釋——讀曶鼎銘文雜記〉，《中華文史論叢》
　　　　（1982年8期）。
〔註201〕詳參李學勤編著：《青銅器與古代史》（臺北：聯經出版事業公司，2005年5
　　　　月），頁374～388。
〔註202〕詳參張聞玉撰：〈曶鼎王年考〉，《貴州社會科學學報》（1988年第2期）。
〔註203〕詳參松丸道雄撰：〈西周後期出現的變革萌芽——曶鼎銘解釋的初步解決〉，
　　　　《日本學者研究中國史論著選譯》第三卷上古秦漢（北京：中華書局，1993
　　　　年11月）。
〔註204〕詳參張經撰：〈曶鼎新釋〉，《故宮博物院院刊》（2002年4期）。
〔註205〕詳參周鳳五撰：〈曶鼎銘文新釋〉，《故宮學術季刊》，頁1～15。
〔註206〕〔清〕錢泳著；孟裴校點：《履園叢話·卷二閱古·周曶鼎》，頁19。

大多時候畢沅都將曶鼎放置在經訓堂中，當作是個擺飾品，錢泳曾提議要送到孔廟安置，卻未獲得應允，十分可惜。此後，這個珍貴的古物也在戰時遭禍，而不復存在了。

2、邢叔鐘

此鐘在阮元《積古齋鐘鼎彝器款識》中，記名爲〈邢叔鐘〉，其云：

> 右邢叔鐘銘三十二字，器不知所在，據趙晉齋所藏搨本摹入。案母邢叔名乍，即祚字。德、吉、帥三字句末爲韻，此係鉦閒之銘，辭意未畢，下必有文而未搨，或已剝落不可知也。〔註207〕

又《履園叢話》記載云：

> 秋帆先生家又有邢叔鐘一具，高漢尺五尺二寸，前後面俱十二乳，滿身青綠，間有硃砂斑，眞寶物也。銘文四行，剝蝕過半，惟有「刑叔母曰：髀叔文祖皇考，對揚乃德，得屯乍魯，永終于吉。母不敢弗帥用文祖皇考」三十二字尚可辨，因名之曰邢叔鐘。此器曾開貢單奏進，以斤兩太重，難于抬運入乾清門，而侍衛、內監又不敢據以進宮，遂發還。先生歿後，家產入官，不知此鐘猶在人間否也。
>
> 〔註208〕

詳載此鐘的大小、紋路、顏色，上面的銘文有四行，大多已斑剝而不可識，可辨讀的只剩下三十二字。與「周曶鼎」不同的是，畢沅並不是將此鐘放在家中收藏而已，曾經想要上呈獻給皇帝，但實在太重，就一直擱在畢家，等到畢家遭抄後，也就不知下落了，相當可惜。「邢叔鐘」製作於春秋中期，故又名「周邢叔鐘」。一般而言，「鐘」的用處有二，其一做量器，體積較小；其二當樂器，體積較大，是古代一種傳統的打擊樂器，其形扁、圓、中空，就其不易吊掛的外貌看來，應是樂器。

（三）其 他

除了前面曾提到的字畫、玉器、青銅器等物外，畢沅也廣蒐遺文，搜購金石，他在撫陝時訪碑林，也收藏了一些石碑，如四塊唐碑原石〔註209〕，後

〔註207〕〔清〕阮元撰：《積古齋鐘鼎彝器款識・卷三》，《續修四庫全書》第 901 冊，頁 591～592。

〔註208〕此處引之銘文：「……母不弗帥用文祖皇考」，「毋」應隸作「母」爲是。〔清〕錢泳著；孟裴校點：《履園叢話・卷二閱古・周曶鼎》，頁 19。

〔註209〕包括唐開元十二年（724 年）的《高福墓志》、開元二十四年（736 年）的《張

來還寫成了《關中金石記》、《中州金石記》等書。其餘出自其墓壙的物品還有銅鏡、錢幣、木器等，但最有意思的當屬「眼鏡」。眼鏡是明清時貴族或富有人家才有的，而畢沅的眼鏡，那是一副可以自鼻梁處折疊的特別眼鏡，用水晶片做成，只能放大，屬於老花眼鏡。鏡框是木頭做的，上塗黑漆，沒有鏡架，在左右兩邊穿孔，以絲繩綁於頭上來戴。

九、小學類

此處所謂小學，專指文字、聲韻、訓詁之學，由經學類特地分出，係因畢沅之小學類著作較特別，著重在文字的考證上。此類著作有《經典文字辨證書》五卷、《說文解字舊音》一卷、《音同義異辨》一卷，還有《釋名疏證》八卷〔註210〕、《續釋名》一卷、《補遺》一卷，皆收入《經訓堂叢書》中。此外，前述談及的《山海經新校正》一書，就分類來看，應歸於「地理類」中沒錯，但細究內容，當中運用到許多訓詁的方法，也可算是其訓詁學的一種成果展現

綜上所述，與畢沅相關之著作可分為九大類，各類皆有其於學術不可抹滅之貢獻，然文獻眾多，要將各類都深入研究，實屬不易，故本論文將重心置於金石與小學二大類，把小學類書籍及金石類的銘文、石刻文字內容作為本論文探討的重要範疇，一一爬梳、分類，仔細探究，以明其學術價值及貢獻。

第五節　軼事奇談

民間對於畢沅這樣的狀元文人、高官學者有許多傳奇的紀錄，當中或真或假，有些是言之鑿鑿，有些則穿鑿附會，但繪聲繪影，又不可置若罔聞，於是便將這些特別的傳說留置於此，憑待觀者自行評斷。

一、尊崇「歐蘇」

畢沅一生有許多良師益友，不論身分，皆會向他們請益，像是早年從沈

昕墓志》、天寶十三年（754年）的《孫志廉墓志》、天寶十五年（756年）的《張希古墓志》，皆是於乾隆時期出土於西安。詳參徐耿華著：《三秦史話・學者督撫畢沅》，頁92。

〔註210〕《釋名疏證》有兩種，一為畢沅原著之正字本，二為江聲手書之篆字本，與正字本內容之差異大抵僅在書體不同。

德潛、惠棟學習，甚至後來遇到戴震、錢大昕，與之交遊，以及其幕賓孫星衍、洪亮吉、邵晉涵等人，也多有學術上的合作或是往來，但畢沅對於宋代古文八八家中的二位「文忠」公，甚是佩服，一是歐陽文忠公，二是蘇文忠公，以下分說：

（一）歐陽文忠公

歐陽脩，字永叔，號醉翁、六一居士，諡號文忠，吉州廬陵（今江西吉安）人，北宋宰相、文學家、史學家、政治家、金石學創始者〔註211〕。畢沅對於金石學的熱衷，與歐陽脩興起金石研究之熱潮，脫不了關係，《靈巖山人詩集》中有《尋絳雪堂舊址即用歐陽文忠千葉紅棃花詩原韻》，即明白指出畢氏對於歐陽文忠公的敬仰，詩云：

> 廬陵仙去嗣者誰？花佇名人始逞奇。
> 我來攀條企嘉樹，恨不生與公同時。
> 硤州瓊葩根寄冰衙裏，江聲如舊花枝異。
> 小院春霏片片紅，西陵暮對峰峰紫。
> 仙官當日投荒處，玉堂小別頻迴顧。
> 才人貶黜等空花，一任風吹自來去。
> 花開花落及千春，竹馬兒童候使君。
> 里諺竹枝傳逸調，淫祠搽鬼話遺聞。
> 黃牛朝暮望無涯，米賤魚多合住家。
> 金石重搜集古錄，思公不見但看花。〔註212〕

全詩七字一句〔註213〕，第二、三句說明花因人而奇，人亦因人而貴，所以畢沅也希望自己能攀嘉樹，有良好的交往，所以第四句才明白指出他自己甚是欣賞歐陽脩，「恨不生與公同時」，將他視為偶像般的存在。末二句更提及歐陽脩之金石著作《集古錄》，足見畢沅熟稔此書，亦對歐陽脩充滿思念，只是「思公不見」，只好轉身欣賞身旁的花朵。從用歐陽脩的詩韻，到直陳對他的

〔註211〕歐陽脩為四百多拓片寫跋，編纂成《集古錄跋尾》十卷，是中國金石學的重要濫觴。

〔註212〕〔清〕畢沅等撰；楊焄點校：《畢沅詩集‧樂游聯唱集》，《乾嘉詩文名家叢刊》，頁893。

〔註213〕此詩既是用歐陽脩《千葉紅棃花詩》之原韻，按原詩即是七字一句、二十句，那畢詩亦應是七字一句、二十句，但第五句「硤州瓊葩根寄冰衙裏」，卻有九個字，比對各版本，均為如此，應有二字衍文，為求原詩風貌，此不刪改。

崇敬，甚至希望與他活在同一時代，足見畢沅之崇拜。又《聽雨樓對雪用歐陽文忠公聚星堂雪詩韻并效其體》，亦是用歐陽脩的詩韻，效法他作詩，詩云：

> 不知天花亂辭萼，夜窗但怪寒威薄。
>
> 重衾壓體如紙輕，蜷縮匡牀夢難作。
>
> 曉起登樓天已晴，茫茫一色迷寥廓。
>
> 光芒射眼冷酸鼻，晶瑩愛得朝陽爍。
>
> 修竹停多頭漸低，老松擎重釵將落。
>
> 曲室重幃坐擁鑪，絺袍不異衣狐貉。
>
> 取筆思賡前哲句，屈僵十指難挐攫。
>
> 乾坤如此安得食，忍飢憐彼簷端雀。
>
> 陋巷亦有行人行，來往縱橫印木屩。
>
> 已卜明年飽麨麥，寸心竊為天下樂。
>
> 呼童收拾貯甖盎，試茗預備炎天瀹。
>
> 更念王師掃狐兔，萬竈貔貅屯大漠。
>
> 我願疾馳下蔡州，渠魁授首縣矛槊。
>
> 軍門釋甲慶成功，釃酒椎牛恣歡謔。〔註214〕

聽雨樓是畢沅在宣武門外的寓所，此詩作於某個冬天的夜晚，是他於寒冷之際覺寤所寫，描述起身後天漸晴的景況，以及自己在當下手指凍結，讀書寫字困難，因而想起天下的百姓們，還有國家軍事、政事等。

（二）蘇文忠公

蘇軾，字子瞻，又字和仲，號東坡居士，諡號文忠，眉州眉山（今四川眉山）人，北宋文學家、藝術家，曾任禮部尚書。畢沅對於蘇軾之敬重，可從其為蘇軾生辰設生日會一事看出，錢泳曾記載，其云：

> 畢秋帆先生自陝西巡撫移鎮河南，署中築嵩陽吟館，以為燕客之所。
> 先生於古人中最服蘇文忠，每到十二月十九日，輒為文忠作生日會。
> 懸明人陳洪綬所畫文忠小像於堂上，命伶人吹玉簫鐵笛，自製迎神
> 送神之曲，率領幕中諸名士及屬吏門生衣冠趨拜，為文忠公壽，拜
> 罷，張宴設樂，即席賦詩者至數百家，當時稱為盛事。迨總督兩湖
> 之後，荊州水災即罷，苗疆兵事又來，遂不復能作此會矣。嗚呼！

〔註214〕〔清〕畢沅等撰：楊焄點校：《畢沅詩集・樂游聯唱集》，《乾嘉詩文名家叢刊》，
頁 430。

> 以公之風雅愛客，今無其繼，而沒後未幾，家產籍沒，子孫式微，
> 可慨也已。〔註215〕

畢秋帆最敬重的古人就是蘇軾，所以每年農曆十二月十九日，都會為其作生日會，放上他的畫像，再找來樂伶奏樂，帶著幕賓與門生好似神明般膜拜，並且設宴款待，於會中與賓客們起興作詩，一直到他至湖北總督任上，才因公事繁忙，水災、兵禍要處理，而作罷。這樣為蘇軾辦生日會的習慣，最早在乾隆三十七年（1772年），《弇山畢公年譜》記云：

> 秋九月，回布政司任。公以蘇東坡先生曾任鳳翔通判，故於十二月
> 十九日生辰設祀，招賓客賦詩。……公先成七古篇，和者十有四人。
> 自此歲以為常，凡知名之士來幕中者，皆續詠焉。〔註216〕

此次應和畢沅此舉的有十四人，自此變形成一種慣例。這些詩歌收錄在《靈巖山人詩集》的有四次〔註217〕，除首次在乾隆三十七年（1772年），第二次在四十八年（1783年），第三次在五十年（1785年），第四次在五十一年（1786年）。

首次的蘇東坡生日會，畢沅及其唱和者合作了《十二月十九日為東坡先生生辰集同人設祀於終南仙館賦詩紀事敬題文衡山畫像之後》，畢沅序云：

> 月建嘉平，日在辛巳，宋故端明殿學士、礼部尚書蘇文忠公嶽降之
> 辰也。覽乎遺文，嗟不並世；求其宦蹟，近在于茲。兼以歲序將闌，
> 豐年告慶，爰集勝侶，潔彼庶羞。几筵既清，畫像斯肅。致恪則式
> 歌且舞，崇儀則迎神降神。于時和氣在堂，清光向夕。朋襟之雅，
> 既紹南皮；歡歌之聲，有逾東洛。庭餘積素，如登聚星之堂；山送
> 遙青，居然橫翠之閣。嗟乎！尚友之志，頌詩讀書；仰止之誠，列
> 星喬岳。七百餘歲，撫几而如存；十有四人，操觚而競賦。逮至斜
> 月沒樹，音猶繞梁；嚴霜襲衣，飲始投轄。中心好之，《驪駒》之詠
> 且止；歲云暮矣，《蟋蟀》之旨毋忘。預斯集者，詩無不成。昔孝若
> 作贊，言圖歲星；陳留聚賓，致微緯象。今序而傳之，亦以紀嘉會、
> 著良時，並使後之祀公者有所述也。〔註218〕

〔註215〕〔清〕錢泳著；孟裴校點：《履園叢話・卷二十二夢幻・金石文字》，頁415。
〔註216〕〔清〕史善長編：《弇山畢公年譜》，《乾嘉名儒年譜》第5冊，頁465。
〔註217〕朱則杰：〈畢沅「蘇文忠公生日設祀」集會唱和考論〉，《江南大學學報（人文社會科學版）》（2014年第2期），頁85。
〔註218〕〔清〕畢沅等撰；楊焄點校：《畢沅詩集・樂游聯唱集》，《乾嘉詩文名家叢刊》，

此段序文，先說明東坡先生的生日在「嘉平」「辛巳」，即農曆十二月十九，次說明自己看了他的文章，恨不得自己能與他生於同世，也就是將作生日會的原因表明——崇拜蘇東坡，而後寫了當時宴會的情景，如同前述錢泳之記載，為這個難得的盛會留下紀錄，以茲紀念。早在畢沅小時候，他的母親張藻便口授東坡詩，「予生總角時，母氏口授一卷東坡詩，卷端笠屐圖公姿。飲食必以祝，卅年嚮往之。」〔註219〕也就是自幼即耳濡目染，長大後更加喜愛。這些唱和的詩句，在在顯示對於東坡先生的敬愛，如：「予不識公頻夢公，指點詩法啟瞶瞢。」〔註220〕做夢都夢到蘇軾；「先生真天人，奇文一世供羅織，慧業三生記夙因。」〔註221〕認為蘇軾一定是天上的神人下凡；「英聲各有千秋業，私淑終留一瓣香。」〔註222〕寄望自身能與蘇軾一般立下偉業；「文在茲，公不沒。錦江水，峨眉月。」〔註223〕特別寫下此序文，為蘇軾的功業再添一筆紀錄。除了每年的生日會外，畢沅的詩也不時會提及他，如《環香吟閣遣懷》：

> 不逃禪悅不修真，簾捲犀鉤解辟塵。
>
> 自改新詩編甲子，偶膺舊痎遣庚申。
>
> 瀟湘北苑虛中景，笠屐東坡幻裏身。
>
> 壽客款闕頻退訝，只應邱壑有斯人。

對於蘇東坡的崇拜與敬愛，可以說是如癡如醉了。

二、敦厚得福

　　乾隆二十五年（1761年）庚辰，畢沅當時年方三十一。是年春天時，他到了內閣中書應禮部會試考了進士第二名，當時會試的主考官是大學士蔣溥、刑部尚書秦蕙田、禮部侍郎介福、副都御史張泰開。不久後，皇上將在太和殿上親自考驗這些進士。據說在會試結果未揭曉的前一天，有這麼一段故事：

頁736～737。

〔註219〕〔清〕畢沅等撰：楊焄點校：《畢沅詩集・樂游聯唱集》，《乾嘉詩文名家叢刊》，頁737。

〔註220〕同上注。

〔註221〕同上注。

〔註222〕〔清〕畢沅等撰：楊焄點校：《畢沅詩集・樂游聯唱集》，《乾嘉詩文名家叢刊》，頁738。

〔註223〕同上注。

公與同年諸君重光、童君鳳三皆以中書值軍機。諸當西苑夜直，日未晨，諸忽語公曰：「今夕須湘衡代直。」公問故，則曰：「余輩尚善書，倘獲雋，可望前列，須回寓偃息，并候榜發耳。湘衡書法中下，即中式，詎有一甲望耶！」湘衡者，公字也。語竟，二人者徑出不顧，公不得已，爲代直。日晡，忽陝甘總督黃廷桂奏折發下，則言新疆屯田事宜，公無事，熟讀之。時新疆甫開，上方欲興屯田。及殿試，發策試新貢士，即及之。公經學、屯田二策條對獨詳核，遂由擬進第四人改第一，諸君次之，童君名第十一。〔註224〕

諸重光、童鳳三與畢沅三人，當時皆在軍機處工作。某天，諸重光硬是要畢沅代他值班，而且看不起畢沅，認爲他根本沒有奪魁的希望，而忠厚的畢沅，只得無奈地答應。代值班的時候，畢沅無聊，便順手讀了一些公文，是「新疆屯田」的相關事宜。好巧不巧，殿試時，就正好考到了屯田相關的策論，畢沅也就依其所知，答無不言，答得詳實，讓乾隆皇帝甚是滿意，於是將他名列爲一甲一名，成了狀元。雖然他因爲敦厚的個性而吃了眼前虧，但若不是這樣，說不定還沒機會中狀元，際遇是如此的巧妙。此件事情的眞僞，王昶云：

蓋是年讀卷官秦尚書蕙田，奏殿試佳卷獨多，故進呈有十二本。非故事也。〔註225〕

就王氏所言，眞實性很高。在此之後，畢沅被分配去擔任翰林院的修撰，一做就是六年。

後來畢沅被任命爲「日講起居注官」。當時，正好遇到了聖上要「耕籍田」〔註226〕，負責接待的是某位輪值的「侍班」，名叫勵守謙，到了他要值班的前一天，臨時要找人代班，知道大夥裡最好說話的就是畢沅，便去畢家請託，畢沅不得已還是答應幫忙了。隔天，皇上執禮完畢，各大臣們也依序行禮，忽然，皇上開口問說：「布穀、戴勝，一耶？二耶？」在場的四個官員裡，只有畢沅上前回答：「布穀即戴勝。」這就是答案，皇上很開心，又再追問：「汝能詩乎？」並且立刻出了道題目考他，題曰：「戴勝降於桑」，

〔註224〕〔清〕洪亮吉撰：《更生齋文甲集・卷四・書畢宮保遺事》，《四部備要・集部》第541冊。亦見〔清〕錢儀吉纂：《碑傳集》第6冊，頁2105。

〔註225〕同上注。

〔註226〕耕籍田是古代一種吉禮，在正月春耕前，天子手執耒耜，在田地上三推或撥，象徵性的示範耕田。

他也很快地完成了五言八韻詩上呈，這讓皇上很滿意，從此，漸漸重用畢沅。
〔註227〕

三、慷慨大方

　　有一天，畢沅「制軍撫秦」，途中經過了一間古寺，有老和尚出來接待，他便好奇地問說：「爾亦知誦經否？」老和尚回答說：「曾頌。」他又進一步追問：「一部《法華經》，得多少阿彌陀佛？」面對這樣的難題，今日也許得以借助電腦統計，但在古代時是很難回答的。只見老和尚不急不徐地回說：「荒庵老衲，深愧鈍根。大人天上文星，作福全陝，自有夙悟，不知一部《四書》，得多少子曰？」此話一出，畢沅錯愕，但並不因此而慍怒，反而對老和尚深感佩服，就捐了不少錢幫助寺廟興修。〔註228〕

四、狀元夫人

　　關於畢沅與名伶李桂官之間的往來，當是最爲世人所津津樂道的一段故事，在清人的筆記鈔錄中所見多有。趙翼云：

> 京師梨園中有色藝者，士大夫往往與相狎。庚午、辛未間，慶成班有方俊官，頗韶靚，爲吾鄉莊本淳舍人所昵。本淳旋得大魁。後寶和班有李桂官者，亦波峭可喜。畢秋帆舍人狎之，亦得修撰。故方、李皆有狀元夫人之目，余皆識之。二人故不俗，亦不徒以色藝稱也。本淳歿後，方爲之服期年之喪。而秋帆未第時頗窘，李且時周其乏。以是二人皆有聲縉紳間。後李來謁余廣州，已半老矣，余嘗作《李郎曲》贈之。〔註229〕

在那個時代，京城的士大夫們常與戲班的演員過從甚密，是不被世俗所接受卻又流行的事情，包括「莊本淳舍人」即莊培因，他與慶成班的方俊官；畢沅與寶和班的李桂官，都是當時著名的士大夫豢養男優之例。他們不僅僅是因爲外貌與才藝獲得喜愛，更重要的一點，他們對於士大夫皆是有情有義，

〔註227〕詳參〔清〕洪亮吉撰：《更生齋文甲集・卷四・書畢宮保遺事》，《四部備要・集部》第541冊。亦見〔清〕錢儀吉纂：《碑傳集》第6冊，頁2105。

〔註228〕〔清〕徐珂編撰：《清稗類鈔》第7冊（北京：中華書局，1986年8月），頁3314。

〔註229〕〔清〕趙翼著；曹光甫校點：《簷曝雜記・卷二・梨園色藝》，《清代筆記小說大觀》第4冊（上海：上海古籍出版社，2007年10月），頁3127。

不論是死後服喪或是於窘時援助，絕非單純因爲好利而相狎，所以趙翼不僅沒有看不起他們，反而在李桂官到他廣州官舍拜訪時，相贈《李郎曲》。李桂官對於畢沅的幫助，絕對非常人所可以做到的，據畢沅的好友袁枚所云：

> 畢未第時，李服事最殷；病則稱藥量水，出則授轡隨車。畢中庚辰
> 進士，李爲購素冊界烏絲，勸習殿試卷子，果大魁天下。〔註230〕

在畢沅尚未考上功名之時，李桂官就已經隨侍在側——生病時，照顧服藥；出門時，前後打點。到了畢沅進士及第後，更是爲他買了有黑色格子的空白紙張來練習殿試，並極力勸他練習，果然因此而讓畢沅高中狀元。有次李桂官要去陝西找畢沅，路過金陵，剛巧讓袁枚遇上，此時他雖「年已三十」，但仍是「風韻猶存」。對於李桂官這樣重情有義之人，袁枚也寫了一首長歌送給他，爲李氏的《勸畢公習字》作序，其云：「若教內助論勳伐，合使夫人讓誥封。」〔註231〕

李桂官，字秀章，吳縣人，除了重情義外，還有許多優點。據吳長元所說，「其慷慨好施，頗無貲蓄，是優伶中之勇于爲義者，是可識也。」〔註232〕，是個相當大方的人，而且他在才藝上被人評爲「嬌」〔註233〕，是當時著名的優伶，因爲「與士大夫交往的優伶，必須從屬於一流的戲班」〔註234〕。到底爲何這些熟讀四書五經，滿口仁義道德的士大夫們，何以會有這樣的癖好？村上正和說：

> 對於優伶來說，士大夫層的影響力極爲巨大。這些官僚士大夫不僅
> 是戲場的觀衆，而且是最大的資助者。並且，優伶有職業壽命……

〔註230〕〔清〕袁枚著：王英志批注：《隨園詩話・卷四》（南京：鳳凰出版社，2009年12月），頁66。

〔註231〕同上注。

〔註232〕〔清〕吳長元著：《燕蘭小譜・卷五》，《清代傳記叢刊》第87冊（臺北：明文書局，1985年5月），頁81。

〔註233〕友人有以「歌樓一字評」相告，嫌其于諸旦頗有未愜，乃以近時習見者爲更定之。魏三曰「妖」（原注：以其開淫冶之風，舊評曰「騷」，未足以概之），銀官曰「標」；桂官曰「嬌」；玉官曰「翹」（原注：宜于健婦而少韻致）。鳳官曰「刁」；白二曰「飄」（飄逸也）萬官曰「豪」；鄭三曰「騷」；蕙官曰「挑」；三元曰「糙」（原注：平聲）。其他則未入品題也。至于崑旦，聲容優劣有不可以一字概，當徬書畫評，各綴數語爲善，姑闕之，以俟賞音者。詳參〔清〕吳長元著：《燕蘭小譜・卷五》，《清代傳記叢刊》第87冊，頁92～93。

〔註234〕村上正和撰：〈嘉慶道光年間的士大夫與優伶——以「狀元夫人的故事」爲中心〉，《清史研究》（2009年5月第2期），頁90。

因此，優伶甚至需要在短時間內，與「貴遊子弟」乃至「豪客」建

立起關係，以求獲得金錢資助和保護。〔註235〕

優伶與士大夫之間，未必是如我們現在所說的「同性戀」一般，這些士大夫大多有妻室，有生孩子，但在當時，豢養優伶、歌伎，已是一件常有的事情，他們之間是存在著共生互助的關係，各取所需，也各有盤算。此外，亦有一說指《品花寶鑑》中的「田秋帆」，就是「畢沅」的化身。〔註236〕

〔註235〕同上注。

〔註236〕文雷著：《名人軼事》（臺南：大行出版社，1973年3月），頁54。

第三章　畢沅之文字學研究

　　文字學，是一門牽涉相當廣泛的學說，爲語言學的一支，以研究「文字」的濫觴、開展、性質、系統與字形、字音、字義之關係，乃至筆順、寫法以及演變。中國文字學因著漢字的獨特性，而成爲一門專業的知識。廣義的又可概分爲三大類學說，一爲文字學、二爲聲韻學、三爲訓詁學。清代的文字學因著考據學的興起而獲得相當大的發展，尤其是與《說文》相關的研究，更如雨後春筍般冒出，一時間蔚爲風氣。丁福保云：

> 許氏《說文解字》一書，沉霾千載，復發光輝，若段玉裁《說文注》、桂馥之《說文義證》、王筠之《說文句讀》及釋例，朱駿聲之《說文通訓定聲》，其最傑著也。四家之書，體大思精，迭相映蔚，足以雄視千古矣。〔註1〕

對於《說文》的研究，自當以《說文》四大家爲著名，成就也最傑出，但對於《說文》研究者眾，其他如：

> 鈕樹玉之《說文校錄》，姚文田、嚴可均之《說文校議》，顧廣圻之《說文辨疑》，嚴章福之《說文校議議》，惠棟、王念孫、席世昌、許楗之《讀說文記》，沈濤之《說文古本考》，朱士端之《說文校定本》，莫友芝之《唐說文木部箋異》，許溎祥之《說文徐氏未詳說》，汪憲之《系傳考異》，王筠之《系傳校錄》，苗夔等之《系傳校勘記》，咸學標之《說文補考》，田吳炤之《說文二徐箋異》等，稽核異同，啓發隱滯，咸足以拾遺補闕，嘉惠來學。〔註2〕

〔註1〕丁福保編纂：《說文解字詁林・自敘》（臺北：臺灣商務印書館，1970年1月）。
〔註2〕同上注。

不僅是校、辨、勘、箋、考、補，諸如此類的深入探討，誠如過江之鯽，絡繹不絕，對於後學的幫助甚大，又如：

> 錢坫之《說文斠詮》，潘奕雋之《說文通正》，毛際盛之《說文述誼》，高翔麟之《說文字通》，王玉樹之《說文拈字》，王煦之《說文五翼》，江沅之《說文釋例》，陳詩庭之《說文證疑》，陳瑑之《說文舉例》，李富孫之《說文辨字正俗》，胡秉虔之《說文管見》，許棫之《讀說文雜識》，俞樾之《兒笘錄》，張行孚之《說文發疑》，于鬯之《說文職墨》，鄭知同之《說文商義》，蕭道管之《說文重文管見》，潘任之《說文粹言疏證》，宋保之《諧聲補逸》，畢沅之《說文舊音》，胡玉縉之《說文舊音補注》等，不下數十家，靡不殫心竭慮，索隱鈎深，各有所長，未可偏廢。〔註3〕

以上數十家對於《說文》的各部分做了細部的分析，皆有其專精處，成就也豐富了《說文》研究，對於文字學的助益更深。由此洋洋大觀的諸多研究看來，當時對於文字學的看法，當以《說文》爲最主要的對象，畢沅亦然。

畢沅對於文字學的研究，先是集中在《說文解字》，其對《說文》有崇高的敬意，所以他的第一本文字學相關著作，就是《說文解字舊音》，是書完成後，不久，《經典文字辨證書》完成，幾個月後，《音同義異辨》亦成書。由書成的時間來看，三本書的撰寫應是在一段時間內逐漸纂寫，而撰成在差不多的時間點。除此三書外，還有屬於訓詁學範疇的《釋名疏證》八卷、《續釋名》一卷、《補遺》一卷、《附校議》一卷，也有屬於金石學範圍的幾本著作。此章將以《經典文字辨證書》、《音同義異辨》、《說文解字舊音》爲探討的目標，而《關中金石記》、《釋名疏證》等其他與小學相關的著作，將置於第四章、第五章專門討論，以求細部的分析，不致紊亂。

第一節　《說文解字舊音》析論

畢沅對於《說文》的相關著作有三，在乾隆四十八年（1783 年）三月時先完成了《說文解字舊音》一卷的編纂，如張其昀所云：

> 畢沅《說文解字舊音》，其書一卷，專爲《說文》中字，搜尋古籍中的音釋材料，例如：「褆」字，一釋「音支」，據陸德明《釋文·詩

〔註3〕丁福保編纂：《說文解字詁林·自敘》。

音義》；一釋市支反，據司馬貞《史記索隱》。書有乾隆四十八年《經
訓堂叢書》本傳世。〔註4〕

是書雖僅有一卷，但對於《說文》研究的幫助不小，以搜集古代關於《說文》
字音爲主要任務。畢沅對於小學的研究先自輯錄《說文》相關資料開始，其
云：

唐以前傳注家多稱《說文解字音》。《隋書・經籍志》有《說文音隱》，
疑即是也。因摭錄之，以資攷證，并爲之敘。〔註5〕

其閱讀古籍時，常會注意到許多人所未注意到的地方，將這些特別的地方抄
錄下來，進而分類、探究，往往能有所收穫。在唐代人的注解中，其常見「說
文音某」，或「說文某某反」之言，所以他認爲這是當時人看見了《說文音
隱》這本見載於《隋書・經籍志》的音書，「是編《隋志》次在忱書之下，
但云有四卷，而不詳撰著姓名及時代。」〔註6〕，可惜到了乾嘉時期，該書
已亡軼，不得見其全貌，所以畢沅便從諸多相關著作、文獻裡，試著鉤沉隻
字片語，力圖恢復該書面貌，以求漢時《說文》之音切。其實，早在劉宋，
謝靈運撰寫《山居賦》時，其於「魚則魷鱧鮒鰋，鱒鯇鰱鯿，鲂鮪鲹鱖，鱨
鯉緇鱧。輯采雜色，錦爛雲鮮。唼藻戲浪，泛苻流淵。或鼓鰓而湍躍，或掉
尾而波旋。鱸鰔乘時以入浦，鱤鯛沿瀨以出泉。」〔註7〕注解就有提到《說
文》的標音，注云：

魷音優。鱧音禮。鮒音附。鰋音敘。鱒音寸袞反。鯇音皖。鰱音連。
鯿音毖仙反。鲂音房。鮪音痏。鲹音沙。鱖音居綴反。鱨音上羊反。
緇音比之反。鱧音竹命反。皆《說文》、《字林》音。《詩》云：「錦
衾有爛。」故云錦爛。鱸鰔一時魚。鱤音感。鯛音迅。皆出溪中石
上，恒以爲覘。〔註8〕

足見在劉宋時《說文》就已有注音。許愼在撰寫《說文》時，並不像現今社
會使用注音符號或是漢語拼音等標音方式，亦非用「反切」，切出字音。那在

〔註4〕張其昀著：《中國文字學史》（南京：江蘇教育出版社，1994 年 6
月），頁 279。
〔註5〕〔清〕畢沅撰：《說文解字舊音・敘》，《叢書集成初編》（北京：中華書局，
1985 年），頁 1。
〔註6〕〔清〕畢沅撰：《說文解字舊音・敘》，《叢書集成初編》，頁 3。
〔註7〕顧紹柏校注：《謝靈運集校注》（臺北：里仁書局，2004 年 4 月），頁 457。
〔註8〕同上注。

反切出現前，又該如何注字音？黃侃認爲有「形聲」、「連字」、「韻文」、「異文」、「聲訓」、「合聲」、「舉讀」七種證音法，其云：

> 形聲者，字有所从，觀偏旁而知讀。
>
> 連字者，或爲雙聲，或爲疊韻。
>
> 韻文者，上及伊耆蜡誦，斷竹黃歌；全用韻，則如《詩》《騷》；間用韻，則如子史；下至金石銘勒，里巷歌謠，雖不足全證發聲，而皆可確定韻部。
>
> 異文者，羣書傳寫，異本繁多；除其形訛，餘皆聲近。
>
> 聲訓者，聲義同條，聞一知二。
>
> 合聲者，兩字相合，共成一聲；此即反切之理所從出也。
>
> 漢師舉讀之法至多，要皆欲由比擬以得聲之正。自今觀之，往往覺其迂回；然在反切未行以前，政自有不得不爾者。分類述之，亦論音者所有事也。〔註9〕

正因爲許愼身處東漢，當時並沒有注音、拼音、音標等相對科學的標音方式，所以許愼研究出一套對於字音的標注方式，這也是因爲《說文》的特性，畢沅云：

> 許君之書，大畧皆以文定字，以字定聲。其立一爲耑者，皆文也；形聲相益者，皆字也。故云：「文物，象之本字，言孳乳而生。」其例有云『從某，某聲』、『從某，某省聲』、『從某，從某，某亦聲』；又云『讀若某』。〔註10〕

許書就是以字形來編排相關字例，所以有五百四十部，而其標音，則是用「從某，某聲」、「讀若某」等來標示。這樣的注音方式，連帶影響到後人，「鄭眾、鄭興、杜子春及康成之徒注諸經禮，高誘注呂不韋、淮南王等書皆然」〔註11〕，大家都依此而循。畢沅云：

> 自反音而讀若之例，遂變反音，仿自孫炎，李登作《聲類》亦用之。晉呂忱依託許書，又作《字林》，其弟靜因《聲類》則作《韻集》，韻書實始焉〔註12〕

〔註9〕 詳參黃侃撰：《黃侃論學雜著·論反音未行以前之證音法》（臺北：臺灣中華書局，1987年10月），頁112～116。

〔註10〕〔清〕畢沅撰：《說文解字舊音·敘》，《叢書集成初編》，頁2。

〔註11〕 同上注。

〔註12〕〔清〕畢沅撰：《說文解字舊音·敘》，《叢書集成初編》，頁2～3。

從讀若、从某聲進展到反切，而各家學者便逐漸地產生專門以「音」爲主的韻書，足見《說文》不僅是對於形、義有影響，連帶以音爲對象的韻書，皆深受其利。

畢沅將他在唐人傳注中所見之「從某，某聲」、「讀若某」等近似《說文》標音的地方，通通彙整起來，並按照《說文》五百四十部的次序來排列，進而完成此書。

一、編輯體例

（一）資料來源

全書共收有四百三十七字的字音，若與大徐本《說文》相較，聲韻調全同的有二百三十字，其他的兩百零七字，包括聲母不同的四十六字，韻母不同的六十二字，聲韻都不同的四十六字，聲調不同的二十七字，開合口不同的四字，更特別的還有徐鉉所未收的二字。〔註13〕

畢沅所援引的文獻，最主要的是唐代陸德明《經典釋文》、李善《文選注》，還有章懷太子李賢《後漢書注》、徐堅《初學記》、司馬貞《史記索隱》、虞世南《北堂書鈔》、歐陽詢《藝文類聚》等十多種傳注，其他如《五經文字》、《九經字樣》之類的字書亦有所搜羅，對於唐代關於《說文》字音的資料，已是相當全面的搜集。

（二）編輯方式

因爲這是一本輯音、鉤沉之書，所以在編輯體例上，必須要能清楚各字的音讀及其來源。畢沅將各字以《說文》五百四十部歸部、排次，如「示部」：

> 禔音支，陸德明《釋文詩音義》；禔市支反，司馬貞《史記索隱》；
> 袷、古洽切，李善《文選注》；禓音陽；禷音類；禬音會；禮音曹；
> 祽、子內反；祉、俾利反，並徐堅《初學記》，今本無禮字；禜音詠，
> 章懷太子《後漢書注》。〔註14〕

示部與《說文》相同，皆爲書中第一部，計收有禔、禔、袷、禓、禷、禬、禮、祽、祉、禜十字，其中，禔、禓、禷、禬、禮、禜以「直音」標示，而

〔註13〕參舒志武撰：〈《說文解字舊音》的性質〉，《語言研究》（1997 年第 2 期總第33 期），頁 145。

〔註14〕〔清〕畢沅撰：《說文解字舊音・敍》，《叢書集成初編》，頁 2。

媞、袷、祽、祇則標明「反切」。字頭與其讀音皆用大字表示，而其出處則用小字注明。初引書證時，必先述明作者是誰，如《經典釋文》之作者陸德明，就標明係「陸德明《釋文詩音義》」，對於《經典釋文》簡稱爲「釋文」，而後再次出現時，就不加上作者名。對於《史記索隱》、《文選注》、《初學記》、《後漢書注》等書亦然，因爲係第一次引用，皆加上作者司馬貞、李善、徐堅、章懷太子等人姓名，其他諸書皆以如此方式寫明。如果諸多字例的音讀出處爲同一部文獻，則以「並」概括出處，如「禓、襺、檜、禫、祽、祇」，都是摘錄自《初學記》，則連舉諸字及讀音後，再說「並徐堅《初學記》」，在簡省版面外，仍是一目瞭然。若對該文獻中收錄的字有所指正，亦會在標明書證後，加以解說，如畢沅當時的《初學記》版本未見「禫」字，其即云「今本無禫字」，作爲後人參校使用。《經典釋文》是全書最常引用的一部文獻，而此書共有三十卷，收錄十二部經書、《老子》、《莊子》、《爾雅》等，若僅標示「經典釋文」，則範圍太大，所以畢沅會注明是何本，比如「媞音支」出自《經典釋文》卷五至七的「毛詩音義」，則其注「釋文詩音義」，以明區別。

雖然看來僅是一部輯錄唐人文獻的資料匯整，但在體例的編輯上，畢沅也並未馬虎，全書從頭到尾以一貫的體例編排，形式上是相當完整的書籍。何以如此？因爲輯軼書，往往並非是一時間可以完成，常常須要不同時代的不同人漸進式補強，慢慢地才能完成該書的面貌，而後人距離前人的編纂可能是幾十年，甚至數百年後，所以體例必須清楚，後人才能從中得到重要的資訊，也方能爲該書進一步的補錄、修正、強化，體例之重要，絕非可輕忽。

二、內容述論

是書不僅是文獻的輯錄，也有部分的考證與指摘。該書除在各字音切後之小字注有指出文獻錯誤外，另個非常重要的地方，在於畢沅撰寫之〈敘〉，該敘文對於古人音讀的幾點特色，皆有論述，雖非首倡者，但可見其對於音學的了解並不淺。該敘文之中段：「其音汜爲巨乞反，挺爲達鼎反，又皆送聲之正……推厥由來，皆可究知其義，故學貴攷其原也。」〔註15〕論及「古無輕唇音」、「音分出送收」、「聲因地而別」三個音學概念，這段文字同樣見

〔註15〕〔清〕錢馥著：《小學盦遺書‧卷二‧書說文舊音後》（光緒 21 年清風室校刊本）。

於錢馥《小學盦遺書》中，題爲〈書說文舊音後〉，內容幾乎一模一樣。編錄《小學盦遺書》的錢保塘即在該文後加案語云：「《說文舊音》刻本，畢氏即錄此篇入敘中，而足首尾以成之。」〔註16〕錢保塘是咸豐九年（1859年）時之舉人，按理不致於妄言才是，但要以憑其一人之言就斷定是畢沅抄錄該文再加上頭尾而成〈敘〉，那證據又顯得薄弱，因而在此處仍依舊說，視畢沅所撰。

（一）勘書證之誤

在各字的注解裡，若遇到該文獻有疑問處，畢沅會標明其問題並予以斠正，如：

01、示部「禮」〔註17〕，清時《初學記》未見其字，故云「今本無禮字」。

02、艸部「蘓」〔註18〕，清時《文選注》未見其字，故云「今本無蘓字」。

03、目部「瞯」〔註19〕，注明「應作瞯」，勘正形似誤字。

04、目部「瞻」〔註20〕，注明「應作瞻」，勘正形似誤字。

05、血部「峻」〔註21〕，注云：「《釋文老子音義》今本無此字，宋本改血從肉，附在肉部後，似唐以前本原有，然未定是非。」畢沅以爲原《說文》應作「峻」，作「朘」乃是宋代時改做。

（二）考許慎官職

在〈敘〉中，畢沅對於《說文》諸多肯定，也對許愼的當時的官職攷證，其云：

> 漢許君愼作《說文解字》十四卷成，其子召陵萬歲里公乘沖，以安帝建光元年上書獻之，且云：「臣父故太尉南閤祭酒愼。」攷《後漢書》許君本傳，但云爲郡功曹舉孝廉，再遷洨長，卒于家，不及太尉祭酒者，缺也。〔註22〕

此說明自許書完成後由其子許沖上獻的過程、時間，並由許沖云其父「太尉

〔註16〕同上注。
〔註17〕〔清〕畢沅撰：《說文解字舊音》，《叢書集成初編》（北京：中華書局，1985年），頁1。
〔註18〕〔清〕畢沅撰：《說文解字舊音》，《叢書集成初編》，頁1～2。
〔註19〕〔清〕畢沅撰：《說文解字舊音》，《叢書集成初編》，頁6。
〔註20〕同上注。
〔註21〕〔清〕畢沅撰：《說文解字舊音》，《叢書集成初編》，頁9。
〔註22〕〔清〕畢沅撰：《說文解字舊音・敘》，《叢書集成初編》，頁1。

南閣祭酒慎」，攷證《後漢書・儒林・許慎傳》，發現史書中未言許慎曾任「太尉南閣祭酒」，於是畢沅進一步翻查漢代官制書籍，其云：

> 《漢舊儀》曰：「丞相設四科之辟，弟一科曰德行高妙、志節清白，補西曹南閣祭酒，又曰太尉。東西曹掾秩比四百石，餘掾比三百石。」然則，南閣祭酒爲太尉西曹掾史也。《百官志》曰：「太尉掾史，屬二十四人。」許君自言其書成於永元、困頓之年，爲和帝永元十有二年，是時，則張酺爲太尉也。〔註23〕

由漢代衛宏《漢官舊儀》與《後漢書・百官志》可知「南閣祭酒」就是太尉西曹掾史。再考查《漢書》、《玉海》，「《漢書》稱周澤爲太尉議曹祭酒，所謂比三百石者是歟？《玉海》曰：『後漢太尉六十四人。』」〔註24〕，可知有「太尉爲祭酒」的類似用法，於是在經過多重確認後，可以確定許慎在完成《說文》時，官位是「西曹掾史」，而太尉則是張酺。

（三）考賈逵入講

在〈敘〉中，畢沅云：

> 沖又云：「先帝詔侍中騎都尉賈逵修理舊文。」慎本從逵受古學，〈逵本傳〉逵以章帝建初元年承詔入講北宮百虎、南宮雲臺。《本紀》載其事于四年，合《儒林傳敘》云『建初中』，則四年爲是。〔註25〕

藉許沖所說賈逵修理舊文之事，對比《後漢書・賈逵傳》所錄爲「建初元年」，《後漢書・章帝紀》錄爲「建初四年」、「儒林傳」同爲四年，判斷賈逵應是在建初四年（79 年）時入宮講學。

（四）古無輕唇音

此說係與畢沅私交甚篤的錢大昕率先提出，是對上古聲母的問題以書證考據，主要見於《十駕齋養新錄》與《潛研堂文集》中。錢大昕云：

> 凡輕脣之音，古讀皆爲重脣。《詩》：「凡民有喪，匍匐救之。」檀弓引詩作「扶服」，家語引作「扶伏」。又誕實匍匐，《釋文》本亦作扶服。……皆匍匐之異文也。〔註26〕

〔註23〕 同上注。
〔註24〕 〔清〕畢沅撰：《說文解字舊音・敘》，《叢書集成初編》，頁 2。
〔註25〕 〔清〕畢沅撰：《說文解字舊音・敘》，《叢書集成初編》，頁 2。
〔註26〕 〔清〕錢大昕著：楊家駱主編：《錢大昕讀書筆記廿九種・十駕齋養新錄・卷五・古無輕脣音》第 3 冊（臺北：鼎文書局，1978 年 9 月），頁 101。

錢氏整理了許多先秦時的經籍異文而得此論。畢沅此〈敘〉亦有相同的論述，其云：

> 其音剽爲數妙反，擘爲方結反，又皆脣音之正。古者脣音不分輕重，故《詩》匍匐救之。《禮記》引爲扶服。如今沙門讀「南無」爲「那麻」，無屬輕脣，麻屬重脣，寡聞者迂其不類，不知唐時陀羅尼多云：「曩謨」，一云「曩莫」，謨莫亦屬重脣合之，麻音爲近也。曩南那舌音之轉，謨莫麻無脣音之同耳。〔註27〕

所引的《詩經》、《禮記》、沙門佛家語等，亦見於錢氏〈古無輕脣音〉一文中，據此可知，當是參考了錢氏說法，援引至此，再多加論述而爲證。

（五）舌音類隔之說不可信

此說亦是錢大昕先提出，是對上古聲母的問題以書證考據，錢大昕云：

> 古無舌頭、舌上之分，知徹澄三母，以今音讀之，與照穿牀無別也。求之古音，則與端透定無異。《說文》：「沖讀若動」《書》：「惟予沖人」《釋文》直忠切，古讀直如特，沖子猶童子也。字母家不識古音，讀沖爲蟲，不知古讀蟲亦如同也。……古人製反切，皆取音和，如方、府、甫、武、符等，古人皆讀重脣，後儒不識古音謂之類隔，非古人意也。依今音改用重脣字出切，意在便于初學，未爲不可，但每韻類隔之音甚多，僅改此二十餘字，其餘置之不論，既昧於古音，而於今亦無當矣。〔註28〕

錢氏認爲舌上音的「知徹澄」三聲母，在上古時與舌頭音的「端透定」相同，所以古代是沒有舌上跟舌頭音的分別，更不能以爲舌音類隔是自古皆然，因爲會有類隔的產生是後代音變而成，並不是古人創造出類隔的反切。畢沅〈敘〉亦同而云：

> 今攷其音荼爲徒，抵爲紙，掇爲豬劣反，窒爲都節反，截爲竹甚反，扶爲丑乙反，肇爲大可反，摧爲奴回反，叏爲才廉反，濘爲奴冷反，此皆舌音之正。今閩人猶呼朝夕之朝爲貂，知否之知爲低，通徹之徹爲鐵，纏繞之纏爲田。舌音有舌頭、舌上之別，閩人眾音並歸于舌，故獨于舌音能分深淺，亦其俗然也。〔註29〕

〔註27〕〔清〕畢沅撰：《說文解字舊音・敘》，《叢書集成初編》，頁4。

〔註28〕〔清〕錢大昕著；楊家駱主編：《錢大昕讀書筆記廿九種・十駕齋養新錄・卷五・舌音類隔之證不可信》第3冊，頁111～117。

〔註29〕〔清〕畢沅撰：《說文解字舊音・敘》，《叢書集成初編》，頁3～4。

畢沅以其當代閩地方音爲例，說明了這點。

（六）聲有出送收

在此段〈敍〉中，畢沅清楚地分別了發聲的過程有「出、送、收」三者，其云：

> 聲有出送收，始發曰出，縱曰送，終曰收，有出則送收兩聲隨之而盡，此得于天而不可強假者也。人生而有形，侯、齶、舌、齒、唇五物必備，五聲由此著焉。從五聲而區之，各有其出送收，由輕而重，由清而濁，其輕且清者曰出，重而濁者曰收，重極復輕，濁極復清，故聲能以下爲高，以高爲下，由輕而漸重，由清而漸濁，重分其若輕，濁分其若清，皆謂之送。〔註30〕

說明「出、送、收」是發聲的必經過程，只要有出，就會送，最後收。人有「侯、齶、舌、齒、唇」五聲，各有其出送收，亦各有其輕重、清濁，在此分辨得相得明白。

（七）聲因地而別

中國文字可因應各地的方言不同而有不同的念法，但文字的字形仍是相同，這是漢字獨特之處。陸法言《切韻·序》：

> 呂靜《韻集》、夏侯該《韻略》、陽休之《韻略》、周思言《音韻》、李季節《音譜》、杜臺卿《韻略》等各有乖互。江東取韻，與河北復殊，因論南北是非，古今通塞，欲更捃選精切，除削疏緩；蕭顏多所決定。魏著作謂法言曰：「向來論難，疑處悉盡，何不隨口記之。我輩數人，定則定矣。」法言即燭下握筆，略記綱紀，博問英辯，殆得精華。〔註31〕

陸法言提及其書是要能夠「論南北是非，古今通塞」，包含了古今方國的各種讀音，而不是僅收錄一地，就從陸氏所言可知，確實在中國因爲地大域廣，各地區皆產生了不同的語音，各地有其方言。畢沅也提出相同的論說：

> 緩土之民，其聲抒；急土之民，其聲疾，故欽琴本兩聲，北人呼琴爲欽，通同本兩聲，亦呼同爲通，潘盤本兩聲，亦呼盤爲潘；爲緩急之殊俗，故巨乞、達鼎爲南音之分，而亦得北音之合，〔註32〕

〔註30〕〔清〕畢沅撰：《說文解字舊音·敍》，《叢書集成初編》，頁4～5。
〔註31〕竺家寧著：《聲韻學》（臺北：五南圖書公司，2007年8月），頁185。
〔註32〕〔清〕畢沅撰：《說文解字舊音·敍》，《叢書集成初編》，頁5。

其以為讀音因著不同的地區而有差別是非常明顯的現象,所以舉了琴、欽、通、同等音為例,作為此說的佐證。據此,畢沅認為正好說明了「古今語有所殊,或致音有所別,然推厥由來,皆可究知其義,故學貴攷其原也」〔註33〕,所以學習重點在考察源流。

（八）定是書作者

畢沅認為在唐代是有《說文音隱》這樣標注《說文》讀音的一本書,但因為此書已亡佚,不得窺其原貌,連作者是誰都未知,所以他試著從書中找出線索,藉以判斷作者,其云:

> 攷《詩》「有鷺雉鳴」。鷺,沈重音雉皎反,此云以水。鷺本音以水,水字三寫成小,遂為以小。以小轉為雉皎,可見沈時已誤讀同厶。
> 又忱音鷺為于水,于水與以水適合,則是編為沈以前人所作無疑。
>
> 〔註34〕

他認為這本書是「沈重」之前的人所寫。沈重是南北朝時注音的專家,其著有《毛詩音義》,但畢沅的依據僅是沈重標「鷺」為「雉皎反」,但此書標「以水反」,呂忱標「于水反」,係因「水」字誤寫作「小」,小再諧音轉為「皎」。僅以此孤證要做這樣的推論,顯得有些冒險與武斷。

三、學術價值

（一）唐代《說文》音讀的總匯

畢沅想藉由各類文獻中的載錄,將《說文音隱》一書恢復原貌,雖然這樣工作是相當吃力,但他已是費了許多心思,因為當時對於《說文音隱》的載錄甚少,其云:

> 唐世言文字聲音者,每兼采許及忱,惟顏籀則文字用許,聲音用《聲類》,故所著《漢書》《急就章》注及《匡謬正俗》,皆無許書音。由可見是編之流傳更尟,更足貴矣!〔註35〕

在唐代的學者們論及文字聲韻都會以許慎及呂忱為標準,只有顏師古用許慎及李登,所以顏氏的書籍都未見到許書的音讀。從此可知,這本《說文音隱》流傳不廣,數量非常稀少。畢沅在《說文解字舊音》中,盡力將相似的例證

〔註33〕同上注。
〔註34〕〔清〕畢沅撰:《說文解字舊音‧敘》,《叢書集成初編》,頁3。
〔註35〕同上注。

輯出，日後要研究唐代音讀的人，就可據此以溯，是重要的唐音總匯。

（二）後人研究學習的典範

在《說文解字舊音》後，光緒時，胡玉縉撰著《說文舊音補注》，其敘云：

> 向讀《說文》，見二徐俱用反切，以爲許君既言從某聲，讀若某，不
> 煩反切。後讀隋唐《經籍志》，知有《音隱》，惜其不傳。迨覯畢秋
> 帆先生輯本，寶玩莫已，穆然想見其抱殘守缺之盛心。顧其書於所
> 采之書止載書名，未標篇第。因仍梁氏《倉頡篇補注》意，一一攷
> 其所出；又於諸書所引未及，比附往往誤認通俗字爲正字，間正其
> 失，并益以補遺若干條。〔註36〕

胡氏同樣是在閱讀《說文》時，以爲許愼都以「某聲」與「讀若某」來標音，
直到他看見畢沅此書，才欣喜地視爲珍寶，愛不釋手。不過，他發現畢書仍
有不足，像是畢沅僅載書名，未將詳細的卷次、篇第標明，所以他就仔細回
溯源頭，並將一些失收的資料再重新補上，並且校正其缺失，而成《說文舊
音補注》。這是畢沅影響後人對《說文》舊音研究的具體例子，此外，據阮元
云：

> 拜經姓臧名庸，字西成，又字拜經，本名鏞堂，武進縣人。……又
> 著《拜經堂文集》四卷……又其生平考輯古義甚勤，故輯古之書甚
> 多……《說文舊音考》三卷……。〔註37〕

可知臧庸也撰有《說文舊音考》三卷，只是今已亡軼。不過，《說文舊音考》
的內容，可從臧庸與王念孫的魚雁往返裡窺其一二。臧庸云：

> 《隋志》有《說文音隱》。《唐志》但偽爲《音隱》。《經訓堂叢書》
> 有《說文舊音》一卷，殊嫌疏略，乃鉤沈載《音隱》，僅《一切經》
> 卷四一則，將刪之，抑仍其舊，或博考羣籍以補之。〔註38〕

可見其撰書的目的，就是要鉤沈《說文音隱》，補正《說文舊音》的缺失與不
足。後來王念孫也以〈王石渠先生苔書〉回應：

> 接讀來示，考訂精詳，佩服之至。字體可刪，珠叢可補。其《說文

〔註36〕〔清〕胡玉縉撰：《說文舊音補注·敘》。《叢書集成續編》第 71 冊（臺北：
新文豐出版公司，1989 年），頁 732。

〔註37〕〔清〕阮元撰；鄧經元點校：《揅經室集·二集卷六·臧拜經別傳》（北京：
中華書局，1993 年 5 月），頁 523～524。

〔註38〕〔清〕臧庸撰：《拜經堂文集·卷三·與王懷祖觀察論校小學鉤沈書》。《清代
詩文集彙編》第 484 冊（上海：上海古籍出版社，2011 年 1 月）。

音隱》若博考羣書以補之，實有功於許氏。此書不知亡於何時。《繫
傳》所稱此反切，皆後人所加者，疑即是也。乃小徐易以新音，而
大徐則專用唐韻，於是《說文》之舊反切遂亡。今采羣書補之，實
一快事也。專此。羽覆不一。念孫頓首。用中先生執事。〔註39〕

王氏對於《說文舊音考》評價甚高，對臧氏「考訂精詳」，是「佩服之至」，
也在信後段，說明他懷疑徐鍇《說文解字繫傳》中提及後人加上的反切，就
是《說文音隱》所載錄的內容，只是徐鍇不採用，徐鉉又專用唐韻，便讓原
本存在的《說文音隱》逐漸消失。畢沅《說文舊音》的產生，確實對於後世
的臧庸、胡玉縉等人是個典範，沒有該書，也許他們沒有撰述新書的動機。

（三）《說文》研究的重要文獻

　　《說文》既已成為一門專業的「說文學」，當然對它的研究就必須要從四
面八方、各種角度切入，也要對內容有不同程度的分析，在音讀的研究上，
因為許慎標音採「某聲」、「讀若某」的方式，所以後人以反切標註而成《說
文音隱》。唐代時，學者們可見徐鉉、徐鍇及《說文音隱》三種對於《說文》
的反切標音，今日就有了解三書內容的必要，因為用反切標音當有其依據，
是受時代影響，或因地而不同，各有其因。大、小徐二書今存，可惜的是《說
文音隱》今日不存，還好有畢沅的輯錄，如同畢沅所云：

　　許君之書今所存者，有徐鉉等校定音，並唐韻也；有徐鍇系傳音，
　　朱翱所加也；有《五音韻補》音，則鍇所加也，然皆唐以後所改更，
　　唐所用解字書既不行，其音僅一見于戴侗《六書故》，桍字訓注，及
　　宋羅說之《芥絕之荃》，荃字論下，亦于古音無涉。是編所輯雖寡，
　　要為探本之誼，後之人不知珍重者，陋也。〔註40〕

徐鉉以孫愐《唐韻》為《說文》注上反切；徐鍇《說文繫傳》之反切，則是
朱翱所加上，都是唐人所更改；《說文音隱》則為人所忽略，因而他才會說「後
之人不知珍重者，陋也」，是對大家不重視該書的最大批判。

四、勘誤校正

　　與畢沅活躍於相同時期的清代著名文字聲韻學家、藏書家錢馥，即曾撰
〈校說文舊音〉，指摘《說文解字舊音》書中錯誤的地方，多達二十七處。以

〔註39〕同上注。
〔註40〕〔清〕畢沅撰：《說文解字舊音・敘》，《叢書集成初編》，頁5～6。

下即還原書中輯錄之文獻來源，與今日傳本相比，重新覈斠，以釐清此類問題處〔註41〕：

（一）批，輯自《文選注》（卷十一），《舊音》作「蒲眼切」（頁1）。

錢馥改正作「蒲眠切」，李善注作「蒲眠切」（頁177）），六臣注作「蒲眠反」（頁221）。今日《文選注》皆同錢馥，可知眼、眠形近而誤，為《舊音》之失。

（二）蕃，輯自《文選注》（卷十），《舊音》作「夫哀切」（頁2）。

錢馥改正作「夫袁切」，李善注作「夫袁切」（頁163），六臣注直音作「煩」（頁203）。今日《文選注》皆同錢馥，可知哀、袁形近而誤，為《舊

〔註41〕 此處依序列出各類反切有疑的字例。先列出該字，次說明輯佚的出處，三標明《說文解字舊音》中所標示的反切。再者，將錢馥校正的反切與出處文獻相比，進一步參引其他文獻後，再分析此類有疑的字音，究竟原因為何？係畢沅之誤，或原文獻即誤。為簡便注釋，在引用的文獻後，以（ ）注明卷數或頁數。《文選注》因有李善注與六臣注兩種版本，頁數分別標示於該注者後。此處引用之文獻版本列於以下，不另重出：

〔東漢〕許慎撰；〔宋〕徐鉉校訂：《說文解字》（北京：中華書局，1963年12月），簡稱「大徐本」。

〔東漢〕許慎撰；〔清〕段玉裁注：《圈點說文解字》（臺北：萬卷樓圖書公司，1997年8月），簡稱「段注本」。

〔南朝宋〕范曄撰；〔唐〕李賢注；〔清〕王先謙集解：《後漢書》（臺北：藝文印書館，出版時間不詳，據清乾隆武英殿刊本影印），或稱「李賢注」。

〔梁〕蕭統編；〔唐〕李善等注：《古迂書院刊本增補六臣注文選》（臺北：漢京文化事業公司，1980年7月），簡稱「六臣注」。

〔梁〕蕭統編；〔唐〕李善注：《文選》（臺北：藝文印書館，2007年8月），簡稱「李善注」。

〔唐〕徐堅等著：《初學記》（北京：中華書局，2004年2月），或稱「徐堅」。

〔唐〕陸德明撰：《經典釋文》，《中華漢語工具書書庫》第52冊（合肥：安徽教育出版社，2002年6月，據通志堂經解本影印），或稱「陸德明注」。

〔唐〕房玄齡等撰：《晉書》（北京：中華書局，1987年1月），此書附有唐代何超《晉書音義》，或稱「何超」。

〔唐〕司馬貞撰：《史記索隱》，《景印文淵閣四庫全書》第246冊（臺北：臺灣商務印書館，1986年7月），或稱「司馬貞」。

〔唐〕張參撰：《五經文字》，《中華漢語工具書書庫》第12冊（合肥：安徽教育出版社，2002年6月，據小學彙函本影印）。

〔清〕畢沅撰：《說文解字舊音》，《叢書集成初編》（北京：中華書局，1985年），簡稱作「《舊音》」。

〔清〕錢馥著：《小學盦遺書・校說文舊音》（光緒21年清風室校刊本），或稱「錢馥」。

音》之失。

（三）犙，輯自《初學記》（卷二十九），《舊音》作「力拙反」
　　　（頁 2）。

錢馥云：「犙當是从牛，孚聲，从爪不从月（肉）」，徐堅作「力拙反」
（頁 705）。《舊音》字形作「㸋」，錢馥以爲當作「犙」。「犙」見於《說文·
牛部》，且就音切以觀，「㸋」明顯爲形誤字，爲《舊音》之失。

（四）牰，輯自《初學記》（卷二十九），《舊音》作「四耕反」
　　　（頁 2）。

錢馥改正作「匹耕反」，徐堅作「四耕反」（頁 705），大徐本作「普耕切」
（頁 29）、《廣韻》作「普耕切」（頁 189）。牰音應作「匹耕反」，或「普耕切」，
而《舊音》作「四耕反」，與徐堅相同，《初學記》本就因四、匹形近而誤，
非《舊音》之失。

（五）哇，輯自《文選注》（卷十六），《舊音》作「於佳切」（頁 3）。
錢馥改正作「於佳反」，李善注作「於佳切」（頁 254），六臣注作「烏佳
反」（頁 321）。今日《文選注》皆同錢馥，隹、佳形近而誤，爲《舊音》之
失。

（六）咬，輯自《文選注》（卷十六），《舊音》作「鳥交切」（頁 3）。
錢馥改正作「烏交切」，李善注作「烏交切」（頁 254），六臣注作「烏交
反」（頁 321）。今日《文選注》皆同錢馥，鳥、烏形近而誤，爲《舊音》之
失。

（七）啐，輯自《文選注》（卷二十一），《舊音》作「倉憒切」（頁
　　　3）。

錢馥改正作「倉債切」，李善注作「倉憒切」（頁 305），六臣注作「倉憒
反」（頁 387）。大徐本作「七外切」（頁 33），啐音應作「倉債切」，或「七
外切」，而《舊音》作「倉憒切」，與《文選注》相同，《文選注》本就因憒、
債形近而誤，非《舊音》之失。

（八）喉，輯自《文選注》（卷十七），《舊音》作「詐穢切」（頁 3）。
錢馥改正作「許穢切」，李善注作「許穢切」（頁 251），六臣注作「虛穢
反」（頁 318）。今日《文選注》不論是作許穢切，或作虛穢反，皆同錢馥，

詐、許形近而誤，爲《舊音》之失。

（九）街，輯自《文選注》（卷一），《舊音》直音標作「佳」（頁4）。

錢馥改正直音作「佳」，李善注作「音佳」（頁23），六臣注作「音佳」（頁24）。今日《文選注》皆同錢馥，佳、佳形近而誤，爲《舊音》之失。

（十）籧，輯自《經典釋文‧春秋左氏音義之五》（卷十九），《舊音》作「在河反、干多反」（頁4）。

錢馥改正「干多反」作「千多反」，陸德明作「在河反、干多反」（頁285）。《舊音》作「在河反、干多反」，與《經典釋文》注相同，陸德明之注本就因干、千形近而誤，非《舊音》之失。

（十一）睽，輯自《文選注》（卷六），《舊音》作「于例切」（頁6）。

錢馥改正作「子例切」，李善注作「千例反」（頁102），六臣注作「千例反」（頁123）。錢馥以爲「于」係「子」之誤，而今日《文選注》皆作「千」，不論是「千」或「子」，皆與「于」形近而誤，爲《舊音》之失。

（十二）鐇，輯自《初學記》（卷二十九），《舊音》作「扶貞反」（頁7）。

錢馥改正作「扶員反」，其云：「鐇諧番聲，必非貞字行韻。」《初學記》作「扶貞反」（頁709），大徐本作「附袁切」（頁78）、《廣韻》作「附袁切」（頁114）。鐇音應作「扶員反」或「附袁切」，而《舊音》作「扶貞反」，與《初學記》相同，《初學記》本就因貞、員形近而誤，非《舊音》之失。

（十三）羠，輯自《初學記》（卷二十九），《舊音》作「因几反」（頁7）。

錢馥改正作「囟几反」。《初學記》作「因几反」（頁709），大徐本作「徐姊切」（頁78）、《廣韻》作「徐姊切」（頁247）、「以脂切」（頁51）。羠音應作「囟几反」或「徐姊切」，而《舊音》作「因几反」，與《初學記》相同，《初學記》本就因因、囟形近而誤，非《舊音》之失。

（十四）膞，輯自《經典釋文‧儀禮音義》（卷十‧少牢饋食禮第十六），《舊音》作「云允反」（頁8）。

錢馥改正「市兖反」或「之兖反」，陸德明注云：「劉音純，《說文》之允反。」（頁162）。大徐本作「市沇切」（頁90）、《廣韻》作「市沇切」（頁

294），該字讀音明顯應作「市充反」或「市沇切」，且充爲沇之異體字，二切語實爲同音。《舊音》作「云允反」，與陸德明注不同，切語上字不應作「云」，蓋因云、之形近而誤，爲《舊音》之失。

（十五）剽，輯自《史記索隱》（卷十一），《舊音》作「數妙反」（頁8）。

錢馥改正「敷妙反」，司馬貞云「方遙反，又匹妙反」（頁526）。大徐本作「匹妙切」（頁92），《廣韻》作「匹妙切」（頁414），該字讀音明顯應作「方遙反」、「匹妙反」或「敷妙反」，因著「古無輕唇音」，方、敷、匹相通，三切語同音。《舊音》作「數妙反」，與《史記索隱》不同，切語上字斷非作「數」，蓋因數、敷形近而誤，爲《舊音》之失。

（十六）黶，輯自《晉書音義》（卷七十），《舊音》作「以瞻反」（頁9）。

錢馥改正「以贍反」，何超作「以贍反」（頁3243）。大徐本作「以贍切」（頁103），《廣韻》作「以贍切」（頁443）。若就輯佚觀點以觀，今日《文選注》皆同錢馥之說，瞻、贍形近而誤，爲《舊音》之失。

（十七）罄，輯自《經典釋文·爾雅音義》（卷二十九·釋詁第一），《舊音》作「口他反」（頁10）。

錢馥云：「案罄从缶，殸聲。苦計反，他字誤。」陸德明注云：「苦計反。《說文》口地反，云器中盡也。本或作憨字，音同。《廣雅》云：憨，劇也。」（頁410）。大徐本作「苦計切」（頁109），《廣韻》作「子計切」（頁373）。

「罄」字音若從陸德明注，應作「苦計反」，或如陸氏引《說文》作「口地反」，錢馥所云有理，《舊音》作「口他反」，與陸德明注不同，切語下字不應作「他」，蓋因他、地形近而誤，爲《舊音》之失。

（十八）飥，輯自《經典釋文·尚書音義》（卷二十九·顧命第二十四），《舊音》作「下故反」（頁14）。

錢馥作「丁故反」，陸德明注云：「《說文》作飥，下故反。」（頁52）。大徐本作「當故切」（頁156），《廣韻》作「當故切」（頁368）。「飥」字音應作「丁故反」或「當故切」，而《舊音》卻與陸德明注相同作「下故反」，陸德明注就已因下、丁形近而誤，非《舊音》之失。

（十九）帑，輯自《後漢書注》（卷四十六・鄧寇列傳）、《初學記》
　　　　（卷二十四）、《五經文字》（卷中・巾部）〔註42〕，《舊音》
　　　　作「它藏反、台黨反、乃胡反」（頁14）。

錢馥云：「《九經字樣》當作《五經文字》，唐元度當作張參。」大徐本
作「乃都切」（頁160），《廣韻》作「乃都切」（頁83）。「帑」字音應作「乃
胡反」或「乃都切」，而畢沅云：「帑字三音以唐元度爲正。」所以《舊音》
採「乃胡反」，同大徐本、《廣韻》之說，正確無誤。《舊音》係誤將《五經
文字》植作《九經字樣》，爲《舊音》之失。

（二十）歕，輯自《文選注》（卷一），《舊音》作「數悶反」（頁16）。

錢馥改正作「敷悶反」，李善注作「敷悶切」（頁32），六臣注作「敷悶
切」（頁36）。歕，大徐本作「普魂切」（頁179），《廣韻》作「普悶切」（頁
399），該字讀音明顯應作「敷悶切」或「普魂切」，切語上字斷非係「數」，
且今日《文選注》同錢馥之說，故應是數、敷形近而誤，爲《舊音》之失。

（二十一）篡，輯自《文選注》（卷四十四），《舊音》作「又患切」
　　　　　（頁17）。

錢馥改正作「乂患切」，李善注作「乂患切」（頁630），六臣注作「乂
患切」（頁823）。歕，大徐本作「初官切」（頁189），《廣韻》作「初患切」
（頁405），篡字讀音應作「乂患切」或「初患切」，今日《文選注》同錢馥
之說，故應是又、乂形近而誤，爲《舊音》之失。

（二十二）崷，輯自《文選注》（卷一），《舊音》作「慈田切」（頁
　　　　　17）。

錢馥改正作「慈由切」，李善注作「慈由切」（頁27），六臣注作「慈由
切」（頁29）。崷，《廣韻》作「自秋切」（頁205），讀音應作「慈由切」或
「自秋切」，今日《文選注》同錢馥之說，故應是田、由形近而誤，爲《舊
音》之失。

（二十三）礚，輯自《文選注》（卷十五），《舊音》作「牛京切」（頁
　　　　　18）。

錢馥改正作「牛來切」，李善注作「牛哀切」（頁223），六臣注作「牛哀

<hr />

〔註42〕《舊音》原注明出自《九經字樣》，然該書實無收此字，應爲《五經文字》才
　　　　是。

切」（頁 280）。今日《文選注》作牛哀切，同錢馥之牛來切。京、哀形近而誤，
爲《舊音》之失。

（二十四）㲉，輯自《初學記》（卷二十九），《舊音》作「許小反」
　　　　（頁 18）。

錢馥改正作「許木反」。《初學記》作「許卜反」（頁 711），大徐本作「步
角切」（頁 196）、《廣韻》作「蒲角切」（頁 465）。㲉音應作「許木反」、「許
卜反」或「步角切」、「蒲角切」，而《舊音》作「許小反」，與《初學記》
不同，亦與大徐本、《廣韻》等相左，應是小、木形近而誤，爲《舊音》之
失。

（二十五）犴，輯自《初學記》（卷二十九），《舊音》作「言隹反」
　　　　（頁 19）。

錢馥改正作「言佳反」。《初學記》作「言佳反」（頁 712），大徐本作「語
斤切」（頁 204）、《廣韻》作「語斤切」（頁 112）。犴音應作「言佳反」或「語
斤切」，《舊音》作「言隹反」，與《初學記》不同，切語下字斷非作「隹」，
應是隹、佳形近而誤，爲《舊音》之失。

（二十六）炎，輯自《經典釋文‧毛詩音義》（卷六‧節南山之什第
　　　　十九），《舊音》作「才廉反」（頁 19）。畢沅云：「炎爲
　　　　才廉反，此舌音之正。」

錢馥云：「才廉反是齒頭音，非舌音。」，陸德明注「如惔」云：「徒藍
反，又音炎，燔也。韓詩作炎字，書作焱。說文作炎字，才廉反。小熱也。」
（頁 82）。大徐本作「直廉切」（頁 208），《廣韻》作「直廉切」（頁 228）。
錢馥所說有理，「才廉反」不是舌音。「炎」字音應作「直廉切」，而《舊音》
卻與陸德明注相同作「才廉反」，陸德明注就已誤，非《舊音》之失。

（二十七）焱，輯自《後漢書注》（卷七十下），《舊音》作「以瞻反」
　　　　（頁 19）。

錢馥改作「以贍反」，李賢注「以瞻反」（頁 694），大徐本作「以冉切」
（頁 212），《廣韻》作「以贍切」（頁 443）。「焱」字音應作「以贍反」或「以
冉切」，然《舊音》與《後漢書注》切語同，皆因瞻、贍形近而誤，李賢注就
已誤，非《舊音》之失。

（二十八）泚，輯自《文選注》（卷三十），《舊音》作「目禮切」
（頁20）。

錢馥改正作「且禮切」，李善注作「且禮切」（頁437），六臣注作「且禮切」（頁565）。泚，大徐本作「千禮切」（頁229），《廣韻》作「千禮切」（頁269），讀音應作「且禮切」或「千禮切」，切語上字斷非係「目」，今日《文選注》同錢馥之說，故應是目、且形近而誤，爲《舊音》之失。

（二十九）澹，輯自《文選注》（卷一），《舊音》作「徙濫切」
（頁20）。

錢馥改正作「徒濫切」，李善注作「達濫切」（頁29），六臣注作「達濫切」（頁32）。澹，大徐本作「徒濫切」（頁231），《廣韻》作「徒濫切」（頁443），讀音應作「徒濫切」或「達濫切」，切語上字斷非係「徙」，今日《文選注》同錢馥之說，故應是徙、徒形近而誤，爲《舊音》之失。

（三十）淡，輯自《文選注》（卷一），《舊音》作「徙敢切」（頁20）。

錢馥改正作「徒敢切」，李善注作「徒敢切」（頁29），六臣注作「徒敢切」（頁32）。淡，大徐本作「徒敢切」（頁236），《廣韻》作「徒敢切」（頁333），讀音應作「徒敢切」，切語上字斷非係「徙」，今日《文選注》同錢馥之說，故應是徙、徒形近而誤，爲《舊音》之失。

（三十一）捭，輯自《文選注》（卷五），《舊音》作「希買切」
（頁22）。

錢馥改正作「布買切」，李善注作「布買切」（頁93），六臣注作「比買切」（頁110）。捭，大徐本作「北買切」（頁256），《廣韻》作「擺撥、北買二切」（頁271），讀音應作「布買切」、「比買切」或「北買切」，切語上字斷非係「希」，今日《文選注》同錢馥之說，故應是希、布形近而誤，爲《舊音》之失。

（三十二）娛，輯自《文選注》（卷八），《舊音》作「許其切」
（頁23）。

錢馥云：「『娛』字當作『娭』。」李善注作「娛，戲也，許其切。」（頁129），六臣注作「娛，戲，許其切。」（頁159）。娛，大徐本作「噳俱切」（頁262），段注本作「虞俱切」（頁626），《廣韻》作「遇俱切」（頁72）；娭，大徐本作「遏在切」（頁262），段注本作「遏在切」（頁626），段玉裁

注云：「按此音非也。篇、韵皆許其切，一部。」，《廣韻》作「許其切」（頁62）。

　　《舊音》與今日《文選注》同，皆指「娛」字作「許其切」，而錢馥以為「許其切」應是「娭」，而非「娛」，從大徐、段注、《廣韻》切語而觀，「娛」字切語當非是「許其切」，且「娭」字下段玉裁所說恰與《廣韻》同，故綜觀以上，錢馥校正無誤，此處誤將「娭」字錯植為「娛」，亦是《文選注》之誤，非《舊音》之失。

（三十三）糾，輯自《經典釋文・毛詩音義》（卷六・陳宛丘詁訓傳第十二），《舊音》作「已小反」（頁24）。

　　錢馥改正作「己小反」，陸德明注「糾兮」云：「糾，舒之姿。《說文》音己小反，又居酉反。」（頁73）。大徐本作「居黝切」（頁50），《廣韻》作「居黝切」（頁328）。錢馥所說有理，「糾」字音應作「己小反」或「居酉反」、「居黝切」，而《舊音》與陸德明不同，應是已、己形近而誤，為《舊音》之失。

（三十四）畷，輯自《晉書音義》，《舊音》作「音流」（頁26）。

　　錢馥云：「案畷不應音流，疑誤。當是梲字。」此例牽涉較廣，分點說明：

1、畷，大徐本作「陟劣切」（頁291），《廣韻》作「陟劣切」（頁499），未見於《晉書音義》。
2、流，大徐本作「力求切」（頁239），《廣韻》作「力求切」（頁203）。
3、梲，大徐本作「他活切，又之說切」（頁123），《廣韻》作「他括切」（頁487），《晉書音義》作「職雷反」（卷七十二，頁3274）。
4、醊，《說文》未收，《廣韻》作「陟劣切」（頁499），《晉書音義》作「陟衛反」（卷七十二，頁3273）。

　　先從《舊音》云「畷，音流」來看，「畷」音「陟劣切」，明顯異於「流」之「力求切」，且「畷」未見於《晉書音義》，所以此例為《舊音》之失；再者，錢馥以為當是「梲」，「梲」有「他活切」、「之說切」、「他括切」等音，與「流」音仍相去甚遠，故錢馥此說亦不可參；最後，《舊音》何以誤輯入「畷」字？《晉書音義》有收「醊」，與「畷」音相近，誤以「畷」作「醊」的可能性大。

（三十五）陳，輯自《文選注》（卷二），《舊音》作「和檢切」（頁27）。

　　錢馥改正作「利檢切」，李善注作「和檢切」（頁39），六臣注作「和檢切」

（頁 45）。陳，大徐本作「魚檢切」（頁 305），《廣韻》作「魚檢切」（頁 334），《類篇・阜部》作「力冉切」（頁 540）。就《廣韻》、《類篇》可知「陳」於宋代時，起碼有二音切，然無論作「魚檢切」或「力冉切」，均與《舊音》之「和檢切」相異，而《舊音》與《文選注》相同，故知此乃《文選注》之誤，京、哀形近所致，非《舊音》之失。

（三十六）隈，輯自《文選注》（卷一），《舊音》作「於曲切」（頁 27）。

錢馥改正作「於回切」，其云：「案：……曲是回之誤，〈敘〉有鷖，雊鳴，沈重音『維皎反』，可見沈時已誤讀同幺。」李善注作「於回切」（頁 24），六臣注作「於回切」（頁 25）。隈，大徐本作「烏恢切」（頁 306），《廣韻》作「烏恢切」（頁 96），讀音應作「於回切」或「烏恢切」，切語下字斷非係「曲」，今日《文選注》同錢馥之說，故應是曲、回形近而誤，為《舊音》之失。

以下即據上述分析的三十六個錯誤字例，製作成「《說文解字舊音》勘誤表」，以供參考：

表一：《說文解字舊音》勘誤表〔註43〕

號	字	《舊音》	輯錄出處	出處音切	錢馥校正	大徐本	廣韻	錯誤者
01	玭	蒲眠切	《文選注》	蒲眠切 蒲眠反	蒲眠切	步因切	步田切	《舊音》誤
02	蕃	夫哀切	《文選注》	夫袁切 直音煩	夫袁切	甫煩切	甫煩切	《舊音》誤
03	㹌	力拙反	《初學記》	力拙反	从牛，寽聲	力輟切	力輟切	《舊音》誤
04	絣	四耕反	《初學記》	四耕反	匹耕反	普耕切	普耕切	原文獻之誤
05	哇	於佳切	《文選注》	於佳切 烏佳反	於佳反	於佳切	於佳切	《舊音》誤
06	咬	鳥交切	《文選注》	鳥交切	烏交切	五巧切	五巧切	《舊音》誤
07	顇	倉憒切	《文選注》	倉憒切	倉憒切	七外切	七內切	原文獻之誤
08	㗖	許穢切	《文選注》	許穢切 虛穢反	許穢切	許穢切	許穢切	《舊音》誤

〔註43〕 出處若是《文選注》，則先寫李善注音，再寫六臣注音；兩者若相同音切，則省併。《廣韻》若有多個音切，則選與大徐本相近者。

09	街	音佳	《文選注》	音佳	音佳	古膡切	音佳	《舊音》誤
10	鼞	干多反 在河反	《經典釋文》	干多反 在河反	千多反	昨何切	昨何切	原文獻之誤
11	睠	于例切	《文選注》	千例反	子例切	戚細切	七計切	《舊音》誤
12	璠	扶貞反	《初學記》	扶貞反	扶員反	附袁切	附袁切	原文獻之誤
13	羠	因几反	《初學記》	因几反	囚几反	徐姊切	徐姊切	原文獻之誤
14	膞	云允反	《經典釋文》	之允反	市兗反 之兗反	市沇切	市沇切	《舊音》誤
15	剽	數妙反	《史記索隱》	方遙反 匹妙反	敷妙反	匹妙切	匹妙切	《舊音》誤
16	豔	以瞻反	《晉書音義》	以瞻反	以瞻反	以瞻切	以瞻切	《舊音》誤
17	罄	口他反	《經典釋文》	口地反	苦計反	苦計切	子計切	《舊音》誤
18	毦	下故反	《經典釋文》	下故反	丁故反	當故切	當故切	原文獻之誤
19	帗	它藏反 台黨反 乃胡反	《後漢書注》 《初學記》 《五經文字》	乃胡反	乃胡反	乃都切	乃都切 他朗切	《舊音》誤〔註44〕
20	歕	數悶反	《文選注》	敷悶切	敷悶反	普魂切	普魂切	《舊音》誤
21	篡	又患切	《文選注》	乂患切 乂患切	乂患切	初官切	初患切	《舊音》誤
22	嶕	慈田切	《文選注》	慈由切	慈由切	未收錄	自秋切	《舊音》誤
23	磑	牛京切	《文選注》	牛哀切	牛來切	五對切	五對切	《舊音》誤
24	縠	許小反	《初學記》	許卜反	許木反	步角切	蒲角切	《舊音》誤
25	犴	言佳反	《初學記》	言佳反	言佳反	語斤切	語斤切	《舊音》誤
26	天	才廉反	《經典釋文》	才廉反	才廉反是齒頭音，非舌音	直廉切	直廉切 徒甘切	原文獻之誤
27	焱	以瞻反	《後漢書注》	以瞻反	以瞻反	以冉切	以贍切	原文獻之誤
28	泚	目禮切	《文選注》	且禮切	且禮切	千禮切	千禮切	《舊音》誤
29	澹	徒濫切	《文選注》	達濫切	徒濫切	徒濫切	徒濫切	《舊音》誤
30	淡	徒敢切	《文選注》	徒敢切	徒敢切	徒敢切	徒敢切	《舊音》誤
31	掉	希買切	《文選注》	布買切 比買切	布買切	北買切	北買切	《舊音》誤

〔註44〕《舊音》雖採用正確反切，但引書名錯誤。此表已改正。

號	字	《舊音》	輯錄出處	出處音切	錢馥校正	大徐本	廣韻	錯誤者
32	娛	許其切	《文選注》	許其切	娛字當作娛	嚘俱切	遇俱切	原文獻之誤
33	糾	已小反	《經典釋文》	己小反	己小反	居黝切	居黝切	《舊音》誤
34	畷	音流	《晉書音義》	未收錄	畷字當作梲	陟劣切	陟劣切	《舊音》誤
35	陳	和檢切	《文選注》	和檢切	利檢切	魚檢切	魚檢切	原文獻之誤
36	限	於曲切	《文選注》	於回切	於回切	烏恢切	烏恢切	《舊音》誤

據上表統計後，可知《舊音》之三十六例錯誤處，有十例為原文獻之誤，另有二十六例為《舊音》之失。細究其中，有三類錯誤；一是文字訛誤。此類亦為最大的原因——因為字形相近而寫錯，或因抄寫時不慎抄錯，如「批」，摘自《文選注》，標「蒲眼切」，實則「眼」為「眠」之錯誤，二字字形相仿，畢沅不慎抄錯可能性很大；二是音切不合音學規律。如「夭」，摘自《釋文詩音義》，標「才廉反」，畢沅以為此切語為「舌音」，但「才廉反」是齒頭音，明顯錯誤，應作「直廉切」；三是引書錯誤，如「帑」，畢沅引「乃胡反」出自《九經字樣》，實出自《五經文字》。

此書既以輯錄各方文獻為主，便可能會有些許的訛誤，然此類錯誤未必係畢沅所致，有可能是他所看見的文獻，因為多方的傳抄、錯簡，或是各家刻版、轉寫時便宜行事，而致有所不通，亦有可能是畢沅自己輯軼時，一時不察，或是手寫誤抄等。總之，此書的確有值得改進的地方。

錢馥對於此書即有嚴厲的批評，其云：

> 所輯無多，而紕繆若此幾類，斷梗荒榛，安在其能探本也？後之人若不擇而從之，斯陋已。〔註45〕

錢氏批判《說文解字舊音》一書，輯錄的內容並不多，但卻錯了不少，彷彿叢生的草木荒蕪、葦梗漂泊不定，又如何能夠回溯《說文》原本？若後人沒有辨明是非就一味盲從，那麼會錯得更離譜。要這麼批判也並非全無道理，只是得考量畢沅當時收錄到的文獻版本，錯誤不盡然皆由其所致，三十六例中，就有十例為原文獻之誤。輯錄之事原本就不易完全正確，倘若一時不察，的確可能產生諸多錯誤，所以就《說文學》的角度以觀，的確有可能誤導，但若回溯到畢沅的時代，文獻的蒐集與查考有其困難所在，因此肯定畢沅的用心，也就不必再苛責。

畢沅對於聲韻學這類專門探討「音」的學問並非完全沒有涉獵，但其對

〔註45〕 〔清〕錢馥著：《小學盦遺書・卷二・校說文舊音》（光緒 21 年清風室校刊本）。

於聲韻學的相關概念，皆是建立在《說文》上，要說其不解聲韻之說，那是
絕不可通，但若要提他在音學上有什麼特別的建樹或是見解，倒也難爲其掩
飾，所以本論文也就將其與聲韻稍有關係的《說文解字舊音》一書，置於此
章中，以「文字學」概括論之，既不減其成就，亦不妄增貢獻，力求公允之
分析。

第二節　《經典文字辨證書》析論

一、撰書動機與目的

　　《經典文字辨證書》五卷，初觀書名，或以爲是一本僅以「經典」爲主
要探討範圍的經典字樣書，但該書不僅針對「經典」，另有其動機與目的。究
竟畢沅撰寫此書之動機爲何？目的爲何？所欲爲何？可觀其〈自敘〉所云：

> 粵若卟古造字之初，依類象形謂之文，形聲相益謂之字，日月、上
> 下、武信、江河，其事實緐，其原則一。于是《周官》則保氏教之，
> 漢令則尉律課之。然自八體肇興，乳生蕪穢，卅十五篇，故多殊觀。
> （《漢書·小學》十家三十五篇）十三冊式增逸體，（揚雄《方言》十三卷）聯邊
> 詭異，識者誚焉（出《文心雕龍》）。〔註46〕

畢沅先由文字創作的原則──「依類象形謂之文，形聲相益謂之字」開始談
起，說明文字雖然複雜，但是造字的道理不變，不論是象形字「日月」、指事
字「上下」、會意字「武信」、形聲字「江河」等，所謂「其事實緐，其原則一」，
造字有其標準，亦有其方法。此標準逐漸傳承，但當文字使用日久，自然出
現了訛誤。針對這些訛誤的情形，自秦八體開始，畢沅洋洋纚纚舉了二十多
個字例，其云：

> 至於圖俗，常譚識俟別釋馬頭人（馬頭人爲長）、黃頭人（王恭時謠：黃
> 頭小人爲恭），誣人滋戾十日卜（董卓時謠：千里艸，何青。十日卜，不得生）、
> 十一口（司馬元顯時謠：當有十一口，當爲兵所傷）論十始乖，全非，則
> 止句屈中（苛爲止句，虫爲屈中），半得則去衣負告（越紐以去爲姓，得衣
> 乃成人，負告爲造），不省則橫目田斗（局縮肉，數橫目，橫目者。四字魚羊
> 田斗爲鮮卑），獨異則神虫巧言（神虫爲蠱，巧言爲辨），尔旣有田（畛字

〔註46〕　〔清〕畢沅撰：《經典文字辨證書·敘》，《百部叢書集成·初編》（臺北：藝
　　　　　文印書館，1969 年，據清乾隆中鎮洋畢氏刊本影印）。

亦有田），車偏無軸（桓溫謠：車無軸，倚孤木），成皋有白人羊之印，
大亨有二月了之讖（桓元改年大亨，退逼讖言曰：二月了），更可哂者，
昱日爲翌（今人稱翌日本昱日也。誤羽爲日），脩尾爲脩（詩予尾脩，脩本
脩字），壒變剆形，剝成剝體，蔡中郎不識色絲（蔡中郎漢末碩學，而云
色絲爲絕，不知絕字從糸𢎘，刀刃下巴，非色字），隋文帝罔稽裂肉（隋文帝
惡隨字爲走，乃去之不知，隋《說文》訓爲裂肉，其義更不祥），或因仍而改，
或卓見而離。蓋舉一以概餘，勿兼該而爭辨矣。〔註47〕

包括「馬頭人爲長」、「黃頭小人爲恭」、「脩尾爲脩」、「昱日爲翌」、「壒變剆
形」、「剝成剝體」、「隋文帝罔稽裂肉」等字形的妄解與譌用。這些字例皆有
其成因，畢沅希望「蓋舉一以概餘，勿兼該而爭辨矣」，試著用簡單的方式
來釐清這些混亂的狀況。進而談及經典用字的混亂，其云：

至于經籍之文，異傳異寫，叚借之恉不明，偏旁之義遂晦，飛禽安
鳥，水族著魚，蟲屬虫𢎘，草類艸上，行乃用辵，語即從言重之，
則瑝與爲璵，惡之則獫允爲狁，更有離邊置禹，𠂇下加朋，澗𠂇于
文，澗𠃉于𠂆，魚燕、馬爲、鳥焉、照黑，誰問灬分（魚燕本作火，
象尾形；馬爲本作𢦏，象四足形；鳥焉本作𠤎，象是形；照黑從火），荳、覃、
粟、栗、要、惡、豐、覆，難求西合（荳上作𠱠，覃上作鹵，粟上𠧧字，
栗上卤字，要本從交從臼。惡上亞字，豐上作幽，覆上西字），冑冑莫析，陝
陜不殊（陝字從夾，夾從大從兩人。陜字從大從𠂇刀），種種酢醋之互亂（種
植字從童，種稑字從重。今人以種爲種，以種爲種。醢酢字從乍，酬酢字從昔，
今人以酢爲醋，以醋爲酢），蘜蘜雁鷹之相縣（蘜曰精，蘜治牆，今通用菊。
鴻雁從隹，鴥鷹從鳥），如此之類，雖非馬豕之譌，或致兗蔑之謬（兗字
本作沇，移水于上成六。蔑本㓹字，因形而變），是貴于攷之詳而審之諦也。

〔註48〕

文字混用的情形，在經典文籍上更加的嚴重，不同的傳本，就有不同的寫法，
假借之字用得頻繁，反而忽略了文字偏旁的意義，只要是飛鳥就加上鳥旁，
水中生物就加上魚旁，像蟲的生物就加上虫旁，諸如這樣的情況甚多。此外，
許多文字在隸變後，字形轉變成相似的字根，如今作「灬」、「西」等諸字，
其實古文字形皆爲不同，許多的偏旁字形，像是「蘜蘜」、「雁鷹」等，也因爲

〔註47〕同上注。
〔註48〕〔清〕畢沅撰：《經典文字辨證書・敘》，《百部叢書集成・初編》。

類似。正因爲這樣的情形，必須要審愼考察文字最正確的用法。

　　總歸此序所述，畢氏撰書之動機與目的有二：第一，自秦八體之後，用字的情形逐漸混亂，就連班固、揚雄這樣的知名學者，其著作中都多有不同於標準用字的其他寫法，而其他學識更不足的鄙俗之人，不僅不使用標準用字，還對字形妄加解說，實爲文字使用的浩劫；第二，經書典籍所使用的字形，常因爲「傳」的不同、書寫的迥異，或是使用假借字，讓本義不夠明確。文字的偏旁原本就有歸類分部的功用，但因爲多用假借字，只取聲音相近之字，所以在討論經書典籍的內涵時，因爲不明「假借字」，究竟是假何字之義，使得經籍原本要表達的意義便漸漸隱晦不清楚了。正因爲當時用字道德觀低落，用字情形紛沓，使經典漸脫離字面涵義，甚至與經義變得大相逕庭。畢沅對於這樣紛亂的用字環境，其身爲有志之「士」，是有匡正天下用字的決心，其云：

> 余少居鄉里，長歷大都，凡遇通儒，皆徵碩學，初識故元咊惠徵君棟，得悉其世業。繼與今嘉定錢詹事大昕、故休寧戴編修震交，過從緒論，輒以衆文多譌，糾辨爲先。既能審厥時譌，必當紹其絕詣，門生嘉定錢明經坫，向稱道吳江處士聲能作通證書，欲以經典異文盡歸許君定字，是猶余之志也。〔註49〕

他的交遊廣闊，只要遇到了大學者，必定請益學習，增進自身能力。年輕時向惠棟學習，在他那精進學問不少。其後，與錢大昕、戴震等當代大儒們更是時有往來，他們幾經論學交談，發現「衆文多譌，糾辨爲先」，於是要先「審厥時譌」，糾正錯誤的地方，才能成就功業。最重要的是可見畢沅編此書的決心——「欲以經典異文盡歸許君定字」，這樣的志向是相當厲害的。

　　各種不同於畢沅心中「正字」的字形，都算是別字、俗字，不論其是否出自經典。畢沅在撰寫諸多金石書籍時，亦將勘正文字錯誤使用的決心，表現在書中，不論是《關中金石記》、《中州金石記》或《山左金石志》等，如在撰寫《李仲琁脩孔子廟碑》跋語時，其云：

> ……至煥爛之爛乃正字，今省作爛。雕素之素，或以爲塐之別體，不知塐本俗字，古祇作素。錢辛楣少詹云：『唐青蓮寺碑有素畫彌勒佛之語。』是其證也。沅案：字體之變莫甚于六朝，然其中有用古字處，未可盡非。余昔以文字異同，著爲《辨證》一書，意在糾正

─────────────

〔註49〕〔清〕畢沅撰：《經典文字辨證書・敘》，《百部叢書集成・初編》。

時譌，間有未備，今更詳之。〔註50〕

當然，百密不免一疏，所以畢沅承認自己在《經典文字辨證書》中，還是有未盡善處，不過，他將如此仔細校正俗字的用心，自《辨證書》開始，一以貫之，連鑽研金石文字時亦同。還可從此看出二者，其一，六朝時的用字變化最大，常有意想不到的特殊字形；其二，雖然字體變化萬千，但未必全都是訛字，有時是古字，所以「未可盡非」。是「古字」就不可全盤否定，即代表畢沅對於古代流傳下來的「古字」，是採取包容，甚至敬崇的態度。

二、編輯體例與觀念

編輯字書時，只要懂得編輯原理的作者，一般都會先在收字範圍、編排部次、說解體例、書式裝訂、版面行款、檢索方式、美工插圖等處立下標準，這些標準，其實就是作者的編輯觀念所在。許慎《說文解字・敘》云：

今敘篆文，合以古籀。博采通人，至於小大。信而有證，稽譔其說。

將以理群類，解謬誤，曉學者，達神恉。分別部居，不相雜廁也。

萬物咸睹，靡不兼載。厥誼不昭，爰明以喻。〔註51〕

由此可看出《說文》的編排方式、收字範圍、釋字原則等編輯觀念，就現代詞書的編纂觀念看來，已是相當先進，所以若要探討字書編輯觀念，多會以成書較早的《說文》為基礎，不過，《經典文字辨證書》並非一般的字書，如劉葉秋所云：

唐人「字樣」之學，至宋即衰；到了清代，還有繼承這一系統而編撰的「字樣」，即《經典文字辨證書》。這部書雖和經典有關，却既非詞典，亦非一般的字典，所以作為附錄，列在《經籍籑詁》之後。

〔註52〕

也就是說，這本書不是一本標準的字典，更不是詞典。就書名《經典文字辨證書》看來，可能與唐代《五經文字》、《九經字樣》相同，是為立下寫經、抄經、用經的「經書字典」，但細究其編輯方式，《經典文字辨證書》與《五經文字》、《九經字樣》二者並不全然相同，最明顯的是在解字的體例上，《五

〔註50〕〔清〕畢沅、阮元撰：《山左金石志・卷九》，《續修四庫全書》第909冊（上海：上海古籍出版社，2002年10月），頁511。

〔註51〕〔東漢〕許慎撰；〔清〕段玉裁注：《說文解字》，頁771。

〔註52〕劉葉秋著：《中國字典史略》（臺北：源流文化事業公司，1984年3月），頁177。

經文字》爲「每條字例或辨別重文，或辨別訛體，或注明字音、字音，字義，或注明字的出典。」〔註53〕《九經文字》則是「體例基本上做《五經文字》而撰，但只有一點顯著不同，《五經文字》同時採反切和直音注音法，而《九經字樣》所收的字幾乎都以直音法來注音。」〔註54〕在《經典文字辨證書》中，鮮少作音、義上的解說，大部分的字例，僅是標明分類，或是舉出「使用該字之例」的文獻出處。劉葉秋云：

> 用這五種體例辨別經書中的文字形體爲主，一般的字都不注釋音
> 義，有的於指出正俗等之外，附以考證。如攴部的「敕」是正體，
> 「勅」是俗字，注云：「勅，俗。陸德明曰：《字林》作勑。俗又以
> 勞勑之勑爲敕，更失之矣。」由此可見這和顏元孫的《干祿字書》
> 是一類的書，與張參的《五經文字》、唐玄度《新加九經字樣》之
> 於考辨形體之外，兼及文字音義者不同。〔註55〕

此書性質較近似《干祿字書》，主要的功能在於「辨析」，分辨「字形」的差異。全書有五卷，基本體例是以《說文》五百四十部分收各部字，〔註56〕第一卷始於一部，終於鼻部；第二卷始於羽部，終於𪕻部；第三卷始於日部，終於林部；第四卷始於豕部，終於女部；第五卷始於厂部，終於亥部。在各部之中，最特別的編輯體例，就是將字分爲五個類別。張其昀《中國文字學史》介紹許多文字學史上重要的字書，提及《經典文字辨證書》時，是這樣說：

> 畢氏字攘蘅，江蘇鎭洋（今太倉）人。乾隆進士。官至胡廣總督。其
> 書不分卷。據畢氏《自敘》，作是書有五例：一曰正，二曰省，三曰
> 通，四曰別，五曰俗。書中辨證有其是亦有其非。書有乾隆甲戌經
> 訓堂刊本行世。〔註57〕

要在浩瀚的中國文字學史中，能以簡捷扼要的篇幅介紹各書不是件容易的事，所以往往需要去蕪存菁，挑選其中具有代表性的地方，或是最值得說明

〔註53〕李景遠著：《張參五經文字之研究》（臺北：國立政治大學中國文學系碩士論文，1990 年 1 月），頁 25。

〔註54〕李蘇和著：《唐玄度《九經字樣》研究》（臺北：國立政治大學中國文學系碩士論文，2008 年 12 月），頁 68。

〔註55〕劉葉秋著：《中國字典史略》，頁 178。

〔註56〕畢沅基本上是以《說文》五百四十部爲編排的順序，但他略爲刪減成「五百廿部」。參〔清〕畢沅撰：《經典文字辨證書·敘》，《百部叢書集成·初編》。

〔註57〕張其昀著：《中國文字學史》，頁 255。

的精華，所以張氏如此介紹，代表此體例十分特殊。畢沅〈自敘〉云：

> 作是書有五例：一曰正，皆《說文解字》所有者也；二曰省，筆蹟稍省于《說文解字》，𪏰之爲香、䯏之爲膶是也；三曰通，變易其方而不齟于《說文解字》，烌之爲秋、鵫之爲鶬是也。又執不能符于籀篆，不得不從隸楷所行，𪗗之爲齊、𠅘之爲壺是也；四曰別，經典之字，爲《說文解字》所無者也。然紃𧤼別而有據，蘮蒙別而難依，是亦有兩例焉；五曰俗，流俗所用，不本前聞，或乖聲義。鄉壁虛造，不可知者是也。〔註58〕

由序可知這五類爲：

第一、「正」：

《說文解字》中本有的字，才會歸於此類。楷體字形爲篆字直接隸定，如：「天、宄、禮、气、壯、吅、亙」等字。

第二、「省」：

與《說文解字》原有的字相似，只是省略了一些筆畫者，就歸爲此類，如「香、膶、齟、亂、德」等字。

第三、「通」：

這類有兩種，一種是僅交換了字根的位置，整體文字的構形上變動不大，如「秋、鶬」等；另一種是無法符合籀文或篆書字形的字，只好按照隸書、楷體而定，如「齊、壺、還、徒、幻」等字。

第四、「別」：。

這一類用字是不見於《說文解字》之中，但在經典中常常看見，如：「紃𧤼」、「蘮蒙」。此類字又可再細分爲「別而有據」與「別而難依」兩大類，也就是說有畢沅認爲符合文字源流的字，與不符合的字。其說解「紃」、「蘮」爲：

> 緇正。紃別，《禮記》注：「古文緇字，或從糸旁才」。（卷五：糸部）

> 荷正。蘮俗，《爾雅》：「荷夫渠其葉蘮」。攷《說文》夫渠葉即荷字，舊本《爾雅》無其葉蘮三字，則蘮即荷字可知。（卷一·艸部）

「紃」字如其〈自敘〉所云，雖不見於《說文》，但可見於《禮記》注中。「蘮」字較特別，敘中將其列爲此類，但在書中又被釋爲「俗」，爲畢沅此書少見

〔註58〕〔清〕畢沅撰：《經典文字辨證書·敘》，《百部叢書集成·初編》。

的體例混淆之處。

第五、「俗」：

這一類字直接被畢沅批爲「流俗所用，不本前聞，或乖聲義。鄉壁虛造，不可知者」，也就是不符合前面四類，可能是有人自己虛造，不知源流的字，如「鬲、跨、殈」等。

畢氏就依照其於〈自敘〉所訂立之標準，依次編排字例。全書字例中，幾乎沒有同時出現五種類別，但有同時出現四種的字例，如：

帽正。幬通。幪別。幪俗，《方言》：「幪覆也」。（卷三・巾部）

正字「帽」、通字「幬」、別字「幪」及俗字「幪」。除了解字體例分作五類外，關於《經典文字辨證書》收字的來源，畢沅云：

余究思典籍，求蹟籀斯，每慨艸木篇多變舊文（司馬相如作），訓詁書積生詭字（《爾雅》十九篇多俗字），若不折衷，南閣曷繇，探本彼倉，故從五百廿部，窮九千餘言，徧討別指，以示專歸。……爰因暇景，旣竭愚才，日省月記，殺青斯竟。舉綱舉目，願無背于往制。〔註59〕

這說明字例的來處，是畢沅以自己讀書所見，「日省月記」，將那些他覺得是變異舊文或滋生出的詭字，一一挑出記下，竭盡他個人之力，皓首窮經也要找尋到該字最正確的字形，希望能不違背往制，繼而爲後人端正視聽。是書在編輯觀念上，另有三點特別處，如下：

（一）歸納相同偏旁的字組觀念

辨正相同偏旁的用字正確性，舉一反三，這樣的字組概念，自顏元孫《干祿字書》就已出現，如「囬回。竝上俗下正，諸字從回者竝準此」〔註60〕。又如李文仲《字鑑》：「商，下歷切。《廣韻》本也。木根、果蔕、獸蹏皆曰——，與宮商字不同。凡適滴嫡摘之類諧聲者从一。」〔註61〕此種辨正一個偏旁的字形，以統攝相同偏旁字的字組觀念，在《經典文字辨證書》中亦大量出現，如：

祜正。祜通，凡隸文舌皆作舌。（卷一・示部）

〔註59〕〔清〕畢沅撰：《經典文字辨證書・敍》，《百部叢書集成・初編》。

〔註60〕〔唐〕顏元孫撰：《干祿字書》，《中華漢語工具書書庫》第 11 冊（合肥：安徽教育出版社，2002 年 6 月，據小學彙函本影印），頁 588。

〔註61〕依《字鑑》體例，「一」代表字頭之字，此處「一」即爲「商」。〔元〕李文仲撰：《字鑑》，《中華漢語工具書書庫》第 12 冊（合肥：安徽教育出版社，2002年 6 月，據張氏澤存堂五種叢書本影印），頁 444。

壮正。**壯**俗，凡從壯字皆放此。（卷一·士部）

毎正。**每**通，凡從每字皆放此。（卷一·中部）

羽正。**羽**省，凡偏旁皆省。（卷二·羽部）

由正。**手**通，凡偏旁皆作扌。（卷四·手部）

第一例「凡隸文昏皆作舌」，意即隸書中，只要偏旁作「昏」的字，皆可通作為「舌」；第二例「凡從壯字皆放此」，意即有字根為「壯」的字，其俗字字根皆可將「壯」寫作「壮」；第三例「凡從每字皆放此」，意即有字根為「每」的字，其正字字根應當作「毎」；第四例「凡偏旁皆省」，意即有字根為「羽」的字，皆可以省作為「羽」；第五例「凡偏旁皆作扌」，意即從手之字，當偏旁時應寫作「扌」。古時印刷書籍不若現代方便，編輯時若是堆積了類似的字例，反而會顯得疊床架屋，不如用舉一以概三的方式，既可以減少字書的篇幅，免於長篇大論，更可以增進閱讀的效率，當想要使用正確的字形時，一經查閱，便一目瞭然。

（二）擁有異部互見的觀念

不論是字書、字典、詞典、字樣書、韻書等，簡單來說，只要作為查考資料的「工具書」，檢索當是相當重要的觀念。傳統字書以形部為概念，用「部首」領字，但若對於一字的部首有分別上的歧見，則查考一字，往往需多費猜測工夫，然若是將一字的不同字根，依文字學理或筆畫歸為一部，另於筆畫方便或容易誤認的部首，以「互見」體例呈現，這對使用者來說當是再便利不過。《經典文字辨證書》之中已有這樣的觀念，如：

夽正。**幸**通，凡從幸字放此。又見幸部。（卷四·夭部）

夲正。**幸**通，凡偏旁從幸放此，又見夭部。（卷四·幸部）

撣正。**嬋**別，又見女部。（卷四·手部）

嬋正。**嬋**別，又見手部。（卷四·女部）

馮正。**憑**俗，又見几部。（卷四·馬部）

凭正。**憑**俗，又見馬部。（卷五·几部）

第一組為「通」字的互見字例。夭部的「**夽**」與幸部的「**夲**」，其通字皆為「**幸**」，翻找「**幸**」字時，可能會不知要找夭部或是幸部，若是二部並存互見，可省去許多翻查錯誤的冤枉路；第二組為「別」字的互見字例。手部

的「揎」與女部的「嬗」，其別字皆為「嬋」，翻找「嬋」字時，可能會不知要找手部或是女部，若是二部並存互見，可免翻查錯誤；第三組為「俗」字的互見字例。馬部的「馮」與几部的「凭」，其別字皆為「憑」，翻找「憑」字時，可能會不知要找馬部或是几部，若是二部並存互見，亦可免翻查錯誤。

（三）標示異體字出處的觀念

字樣學中，凡正字以外的省字、別字、通字、俗字，都可以稱作為異體字，甚至廣義地說，訛字亦是異體字。《經典文字辨證書》之中，正字皆是出自於《說文》，而其他四種字體，有時畢沅會將該字體出處標明，且這樣的出處，多是著名的經典文獻，而非俗流讖緯等不盡可信之類。茲舉例如下：

炮正。炰通，《詩》：「炰烋于中國」。（卷四・火部）

煇正。熭別，《淮南子》：「火上熭」。（卷四・火部）

燦正。輮別，《考工記》：「輮輪」。（卷四・火部）

辱正。黱別，《老子》：「大白不黱」。（卷五・辰部）

蠶正，亦作蚖同。蟸俗，出《玉篇》。（卷五・蟲部）

字正。牸俗，出《史記》。（卷五・子部）

第一例的通字「炰」，出自於《詩經》；第二例的別字「熭」，出自於《淮南子》；第三例的別字「輮」，出自於《考工記》；第四例的別字「黱」，出自於《老子》；第五例的俗字「蟸」，出自於《玉篇》；第六例的俗字「牸」，出自於《史記》。這樣列出異體字來源的方法很好，因為讀者在閱讀時，若有疑義，當可翻查原書，進而還可以比較不同版本，思考畢沅說法是否正確，也許能夠激盪出新的火花，產生學術的交流。此外，有些字例未說明俗字來源，但會參考他書標準而言正或俗，如：

帳正。賬俗，唐顏元孫《干祿字書》猶云：「籍帳文案」。（卷三・巾部）

「帳」字見於《說文》，但「賬」未現，畢沅判定「帳」為正字，並舉出字樣學的代表作──《干祿字書》的觀點，連《干祿字書》都如此審定，是書更可依循此例。

綜合以上三點重要的編輯觀念，可知在撰寫此書時，畢沅當是有良好的規劃後，才將蒐集到的字例分類。兼採他書之長，成就自己重要的文字學、

字樣學書籍。如此深刻且細密的編輯用心,是相當了不起的。

三、字樣觀念

　　探討字樣觀念前,要先明白什麼是字樣?《字彙》引《廣韻》云:「樣,式樣。」〔註62〕、《集韻‧去聲‧四十一漾》云:「樣,法也。」〔註63〕據此可得「樣」字原有「法式」之義,可視作「標準」而論。胡樸安云:「字樣者,筆畫之準繩也。」〔註64〕簡言之,「字樣」就是文字筆畫使用的標準。追求字樣的目的在於「用最正確的文字,表達最正確的語言」,因為只有使用最正確的文字,方能達成《說文》所謂「前人所以垂後,後人所以識古」〔註65〕之功用。曾榮汾云:

> 字樣的講究等於是在書寫中用正確的字去寫正確詞,去表述正確的
> 義。這個對應正確詞的字就是字樣的所在。〔註66〕

曾氏說明「字樣」涵義清楚明白,每本字書,都會有其編纂者的字樣觀念,或者更直接地說,字書就是編纂者字樣觀念的呈現,是其思想之精華,可見其編寫之用心,更可見其字樣觀念之呈現,而了解其訂立標準之用心。

　　字樣學,即是探討字樣之學,其發展約莫從唐代興起,最具代表者當屬顏元孫《干祿字書》。後有宋代《類篇》、明代《字彙》及《正字通》等較大型的字書誕生,由此發展至清代,已是歷經數百年之拓展。清人奉康熙帝之詔,編纂一部大型的字書──《康熙字典》,正因有前人積累之基礎、再加上皇帝敕令之不可違抗,負責編纂的大臣們,方才在短短五年間編輯完成,也因此諸多文字學相關書籍,凡論及清代,多論及《康熙字典》之巨大成就,但清代為學問發展相當蓬勃的時代,字樣學的發展不應只有《康熙字典》一枝獨秀,尚有其他值得進一步研究之字書。字書與字樣學的關係密切,誠如曾榮汾所說:

> 字樣學非字典學,字典乃表達字樣整理成果之工具。字典昔稱「字

〔註62〕〔明〕梅膺祚著:《字彙‧卷六‧木部》(明萬曆乙卯刊本),頁54。
〔註63〕〔宋〕丁度等著:《集韻》(上海:上海古籍出版社,1985年5月),頁597。
〔註64〕胡樸安著:《中國文字學史》(臺北:臺灣商務印書館,1992年9月),頁113。
〔註65〕〔東漢〕許慎撰;〔清〕段玉裁注:《圈點說文解字》(臺北:萬卷樓圖書公司,1997年8月),頁771。
〔註66〕曾榮汾著:〈字樣學的語言觀〉,《第二十屆中國文字學國際學術研討會論文集》(高雄:國立中山大學中文系,2009年5月),頁386。

書」，以解釋文字形音義爲編輯宗旨，……字典學即以討論如何樹立
此標準之編輯方式、流程等問題爲主要内涵。〔註67〕

字典學不等於字樣學，但要研究字樣學，字典是個重要的材料，因爲每本字
典，都會有其編纂者的字樣觀念，或者更直接地說，字典就是編纂者字樣觀
念的呈現，是其思想之精華，可見其編寫之用心，所以字樣學理的完整建立，
字典是不可或缺的。

（一）字樣觀析論

《經典文字辨證書》既是字典、字書，也是字樣書，不是單純。經過筆
者觀察，《經典文字辨證書》具涵豐富的字樣觀念，可析分以下四點：

1、堅守《說文》正篆的正字觀念

正字，就是最正確的字形。若欲追求字樣，必當先要確立正字的標準，
方才能寫出正字、使用正字。曾榮汾明確指出「正字」之於「字樣」重要性，
其云：

> 字樣學固以整理異體爲前提，却以「正字」之選擇爲宗旨。蓋正字
> 者，即文字正確之形體也，亦即「字樣」之所在也。〔註68〕

誠如曾氏所說，畢沅此書對於正字觀念的了解相當明確，其云：「欲以經典異
文盡歸許君定字，是猶余之志也。」〔註69〕，又云：「作是書有五例，一曰正，
皆《說文解字》所有者也……。」〔註70〕由該書體例更可明其正字觀念。首
先，畢沅敘中文字，多採說文篆文直接隸定之楷體，如「旁」，畢氏作「㫄」；
如「考」，畢氏作「攷」。其次，畢氏書中字例，只要言「正」，必出自《說文
解字》，且該字隸定字形，定以小篆字形直接隸定，如：

卩正。印通。（卷三・卪部）

卿正。卿通。（卷三・𠨍部）

虫正。虫通，許叔曰：「屈中爲虫」。凡偏旁從虫字放此。（卷五・
虫部）

「卪」、「卿」、「虫」即爲由篆書直接隸定之字形，其後之「通」字，包括
「印」、「卿」、「虫」，才是隸變後較常見的楷書字形。其他如：「鬥」，小

〔註67〕曾榮汾著：《字樣學研究》（臺北：臺灣學生書局，1988年4月），頁11。
〔註68〕曾榮汾著：《字樣學研究》，頁142。
〔註69〕〔清〕畢沅撰：《經典文字辨證書・敘》，《百部叢書集成・初編》。
〔註70〕〔清〕畢沅撰：《經典文字辨證書・敘》，《百部叢書集成・初編》。

篆作「⿱」，畢氏作「⿱」；如「北」，小篆作「⿰」，畢氏作「⿰」；如「泉」，小篆作「⿱」，畢氏作「⿱」；如「魚」，小篆作「⿱」，畢氏作「⿱」等例，在書中更是不勝枚舉。如此堅持楷體須依《說文》的正字觀念是否恰當？曾榮汾嘗舉四點說明正字取捨的標準，其云：

1、正字的標準是具斷代性質的。

2、正字是當代功能最強、最實用的字。

3、正字是最雅正，可以用於正式場合的文章中。

4、正字可能出自《說文》也可能是後起新字，或習用已久的字。

〔註71〕

意即所謂正字應是當時最符合實用，而且可以使用於正式場合的文字，但「不一定」符合《說文》正篆。曾氏這樣的觀念，對於釐清「正字」概念，當是再清楚也不過的。如此看來，最佳的字樣觀念，應是採「時宜」態度，與時俱進，隨著時間而稍作改變，所以《經典文字辨證書》這樣保守的正字觀念，可能過於拘泥，但參考《說文》仍是非常重要。陳新雄說：

> 有此一書，上可沿波討源，溯古文之端緒；下可振葉尋根，得隸楷
> 流變之淵藪。故曰探究中國文字，無論古今，皆當以《說文》爲發
> 軔，爲津梁，捨此則莫由也。〔註72〕

是故，字書編纂者，當依《說文》爲宗、參涉旁書，上溯文字初造之源，並依當代用字習慣及隸變、楷化等過程，去作適當的變化，才是最佳。簡言之，《經典文字辨證書》的正字觀出發點無誤，態度值得嘉許，但在訂立字樣上，就過於嚴苛。

信守《說文解字》，是此書的正字觀念，而在這觀念下，正字並不侷限於單一字形，即有「並正」的情形出現，如：

　　幝正，亦作褌同。**裈**俗。（卷三・巾部）

　　壻正，亦作婿同。（卷一・士部）

　　霝正，亦作雷⿰⿰同。**雷**省。（卷四・雨部）

「幝」、「壻」、「霝」皆自《說文》正篆隸定而來，而被畢沅視爲「亦作某同」的「褌」、「婿」爲《說文》或體，「雷」、「⿰」爲《說文》古文，「⿰」

〔註71〕曾榮汾著：《字彙俗字研究》（國科會研究計畫成果報告，1997 年 12 月），頁72。

〔註72〕陳新雄、曾榮汾著：《文字學》（臺北：五南圖書公司，2010 年 9 月），頁 105。

則是《說文》籀文，由此觀之，不論「正」或「並正」，仍須見於《說文》才是。

2、區分正、省、通、別、俗的字級觀念

本書與顏元孫《干祿字書》字級概念相似。《干祿字書》分正、通、俗三級，依使用場合、通行程度或有無依據等因素來區分，而《經典文字辨證書》後出愈密，細分爲五，但與《干祿字書》不盡相同。

畢沅的字級概念，完全係以《說文》爲要，第一級「正」，是指《說文》所收字；第二級，「省」，是指近似《說文》所收字，細微差異僅在節省部分點畫；第三級「通」，是指與《說文》所收字的字根相同，只是構字位置不同，或不得不依隸楷字形的字；第四級「別」，是指雖然《說文》未收，但經典中已是常見，無法否定該字形的用法；第五級，既不見於《說文》，更未見於經典之中，畢沅以爲「流俗所用」，不明源流，所以不可用於經典。以上五級，都以《說文》爲準，與《說文》正篆關係愈密切者，等級愈高。

3、分別近似字形的辨似觀念

本書體例近似《干祿字書》，最大的用意即在「辨似」，而辨似是字樣學中一個重要的部分。曾榮汾云：

> 字樣者，既爲尋文字書寫之準繩，實即欲樹立文字使用之正確標準也。故除異體、正體之講究外，形似、音似字之區分，亦爲不可忽視之主題。甚或可言，弗有易混字之辨似，難使字樣整理獲致確實之效果，因必先能選擇正確使用之字，而後方能論及正確形體之所在矣！」〔註73〕

形似或音似字之分辨，是尋求文字書寫標準不可或缺的主題，必須要能析毫分釐，才不會讓用字溷亂。畢沅尚著有《音同義異辨》一書，該書以「音似字」的分判爲主〔註74〕，所以於《經典文字辨證書》中，對文字的音讀未有進一步的考證，而著重在「形似字」的區分，分辨相似的字根，何者爲眞，

〔註73〕曾榮汾著：《字樣學研究》，頁152。

〔註74〕張其昀說：「與《經典文字辨證》相關，畢沅又撰成《經典文字音同義異辨》一卷。畢氏自序說：「既作《辨證書》，每念經典之文多通假借之道，非必古人字少，以一字而兼數義之用，皆緣隸寫轉訛，避繁文而趨便易所成。《說文解字》所有其音同其義異者，據形著訓，雜而不越，分觀并舉，式鏡考資，因另爲一編，附于《辨正》之后。」詳參張其昀著：《「說文學」源流考述》（貴陽：貴州人民出版社，1998年1月），頁286。

何者爲非。如：

  禮正。**禮**通。**禮**俗，唐元度《九經字樣》以爲從**豐**，**豐**從**冊**

從豆，出《說文》。今《說文》無之，元度引據多不實，不足徵信。

  （卷一‧示部）

  市正，亦作**韍**同。**市 紱**並俗，凡隸書作市者有四：一**嵌**字，一**米**

字，一**屮**字，一即此。**米**沛字從之，**屮**肺字從之。（卷三‧市部）

上述二例，其一，正字爲「**禮**」，《說文》云：「禮，履也。所以事神致福也。

从示从豊，豊亦聲。」〔註75〕由《說文》來看，「**禮**」乃从示从豊，而非

如俗字「**禮**」是从**冊**从豆，「豊」之上半「曲」與「**冊**」確實相近，若不

仔細區分，將以爲二字相同。其二，正字爲「**市**」或亦作「**韍**」同，於此

後，畢沅細分在隸變後皆作爲「市」的「**市**」、「**嵌**」、「**米**」、「**屮**」，四

字楷體相同，但上溯小篆，字義迥異，一是沛字偏旁作「**米**」，另是肺字偏

旁作「**屮**」。又如：

  歷正。**歷**省。**麽**俗。（卷一‧止部）

  步正。**步**俗。（卷一‧步部）

  歲正，**歲**俗。（卷一‧步部）

第一例，「**歷**」爲正字，省字「**歷**」乃是字根禾省爲木，俗字「**麽**」則在

省字上再加上艸；第二例，「**步**」爲正字，俗字「**步**」僅多一點；第三例，

「**歲**」爲正字，俗字「**歲**」則是將夕改爲示。此三例乃分辨細微點畫的減

省或增加，或是字根相近之淆。如此精良的用心，就是因爲若不明正確的字

形，就無法表達正確的語義了。

  4、斠正相似書籍的勘誤觀念

  自《干祿字書》以降，唐、宋、元、明、清皆有著名字樣書之誕生，《經

典文字辨證書》爲清代書籍，必當參校前書，見賢思齊。畢沅〈自敍〉云：

  其義取之魏江式、齊顏之推，其文則較之唐陸德明、顏元孫、張參、

  唐元度，周郭忠恕，宋張有諸家爲正矣，然元孫自謂能參校是非，

  較量同異，立俗通正三例，定字而舛失偏多，如以**藝藝**、閒闌、禊

  褉爲上俗下正，而不知下正亦爲俗字……。斟其所習，蔽所希聞，

〔註75〕〔東漢〕許慎撰；〔宋〕徐鉉校訂：《說文解字》（北京：中華書局，1963 年
  12 月），頁 7。

　　本無數典之長，斯眩觀文之目，無怪其率由多惑也矣。張有則以宋
　　徐鉉刊定《說文解字》爲眞本。凡徐所參入及新附字概指爲許書，
　　如扻、胲、貓、鞾、驊、醒、砧、瑛、樬、禰、繳、臉、樓、槃、盉、
　　虵、芍、坳、鮆、琲、竑爲許之所無，並云正體，且謂鞾爲鞾，別
　　繰爲繰，別悼爲嫚，別莩爲受，別陁爲闙，別券爲券，別而不知六
　　文皆有兩家，專以匡俗成編，猶有此病，他可勿問焉。〔註76〕

本書在訂立字義時，參考江式、顏之推的說法；確立字形時，則與歷代著名
的字樣書籍比較。他將自己的著作與唐、宋間頗富盛名的文字學者相較，如
陸德明、顏元孫、張參、唐元度，郭忠恕、張有等人，並且直接提出兩本在
字樣學史中頗具代表性的書籍：一是《干祿字書》，嚴屬指責顏元孫對於正、
通、俗的區分理解有誤，直斥「翫其所習，蔽所希聞」；二是批判張有將徐
鉉新附於《說文》之字視爲許愼本有，並且指出六處張有以爲是不同字的例
子。就畢沅看來，連標明「匡俗」的《復古編》都偶有識字不清的問題，更
何況是其他書籍，根本不值一哂，所以對於相似書籍的訛誤，畢沅是看得相
當仔細，在斠正上，亦是非常用心。

（二）字樣觀比較

　　畢沅在本書序中提及顏元孫、張參、唐元度，郭忠恕，張有等著名的文
字學家，而這些於字樣學史各有一席之地的學者，亦各有代表的字樣書籍，
爲求明白畢沅此書的字樣特色與他者的差異，以下即將《干祿字書》、《五經
文字》、《九經字樣》、《佩觿》、《復古編》的字樣觀念與《經典文字辨證書》
相比較。

　　首先，顏元孫於《干祿字書·序》云：

　　……字書源流起於上古。自改篆行隸，漸失本眞。若總據《說文》，
　　便下筆多礙；當去泰去甚，使輕重合宜。……且言俗、通、正三體。
　　偏旁同者，不複廣出，字有相亂，因而附焉。〔註77〕

就序中所述，可知該書對於字樣的觀念有三：首先是不僅以《說文》爲唯一
正字標準，因爲「總據《說文》，便下筆多礙」，所以訂立了較彈性的字樣；
其次是「言俗、通、正三體」，因爲在該書中，編排不同傳統字書，而是將
文字分成正、通、俗三層字級，藉此細分用字的差異與用處；其三，「偏旁

〔註76〕〔清〕畢沅撰：《經典文字辨證書·敍》，《百部叢書集成·初編》。
〔註77〕〔唐〕顏元孫撰：《干祿字書》，《中華漢語工具書書庫》第 11 冊，頁 587。

同者，不複廣出」，即是種以字根概括字例的方法，所以《干祿字書》雖僅數頁，但書中卻探討了幾百個字組。除了由〈序〉中所看出的觀念外，曾榮汾《字樣學研究》一書，析分顏元孫《干祿字書》所蘊涵的字樣學學理則爲四點：

> 一、注重文字實用之原則
>
> 二、區分字級之原則
>
> 三、易混字之析辨原則
>
> 四、以字根統類之原則 〔註78〕

藉曾氏之研究，更可明白《干祿字書》的字樣觀念。以此四點與《經典文字辨證書》的字樣觀比較，雖然畢沅批評《干祿字書》甚是直接，但二者除了「注重文字實用之原則」的觀念迥異外，其他包括區分字級、易混字之析辨、以字根統類等，皆是相當類似的，由此可知，顏氏與畢沅在撰寫時，有著相似的用心，只是畢沅的正字觀爲「說文派」，信守《說文》的地位，而顏元孫爲「時宜派」，採用較彈性的作法。

其次，張參的《五經文字》是其奉詔校勘常見於《易》、《書》、《詩》、《禮》、《春秋》等書的文字，立爲當時書寫經書的楷書準繩，其〈序〉云：

> 今制國子監置書學博士，立《說文》、《石經》《字林》之學，舉其文義，歲登下之，亦古之小學也。自頃考功禮部課試貢舉，務於取人之急，許以所習爲通，人苟趨便，不求當否，字失六書，猶爲臺事，五經本語言蕩而無守矣。〔註79〕

由此觀之，可知此書的撰寫宗旨乃是「刊正經典用字」，確立經書在學術史上的地位，尤其是經書在科舉的重要性，不然一旦「人苟趨便，不求當否」，大家都胡亂寫字，便會使經書失去崇高的地位。此〈序〉不僅是表明張參撰書的用意，更是說解了該書的字樣觀念，〈序〉云：「《說文》體包古今，先得六書之要。」〔註80〕可知《五經文字》是遵守《說文》，對於《說文》的解說是相當佩服，因此其正字標準乃以《說文》爲主。又云：「今則采《說文》、《字林》諸部，以類相從，務於易了，不必舊次，自非經典文義之所在，雖

〔註78〕 曾榮汾著：《字樣學研究》，頁 117～119。

〔註79〕 〔唐〕張參撰：《五經文字》，《中華漢語工具書書庫》第 12 冊（合肥：安徽教育出版社，2002 年 6 月，據小學彙函本影印），頁 3～4。

〔註80〕 〔唐〕張參撰：《五經文字》，《中華漢語工具書書庫》第 12 冊，頁 5。

切於時，略不集錄，以明爲經不爲字也。」〔註81〕編排上，《五經文字》以部統字，而其部類，多依《說文》、《字林》，但並非直截依《說文》之五百四十部，而是有所減省與改變，所以分作一百六十部，就部首的概念來看，是順著時代改變。更重要的是此書「爲經不爲字」，所以「經」才是關鍵，其他的通俗用法，並非其關注的焦點。在李景遠《張參五經文字之研究》中，李氏仔細分析《五經文字》所呈現的字樣學理，蓋有四端：

一、改革部首以合時代需求

二、樹立正字的標準

三、注重學術而否定通俗字

四、辨別形似或形似音近而易混之例〔註82〕

同前述，李景遠與筆者對於《五經文字》的字樣觀念看法相近。將李氏所析之觀念相較於《經典文字辨證書》，畢沅直採《說文》分部，未有太多的改革。除部首外，《五經文字》所擁有的三項觀念，畢沅書中都有涵攝到。

其三，唐玄度《九經字樣·序》云：

多依司業張參《五經文字》爲準。其舊字樣，歲月將久，點畫參差，傳寫相承，漸致乖誤。今並依字書，參詳改正記。諸經之中，別有疑闕，舊字樣未載者，古今體異，隸變不同。如總據《說文》，即古體驚俗；若依近代文字，或傳寫乖訛。今與校勘官同商較是非，取其適中，纂錄爲《新加九經字樣》壹卷。

就此〈序〉文可以看出在《五經文字》撰成後，因爲流傳的時間已久，傳寫上逐漸產生錯誤，所以唐氏撰書是爲改正張參《五經文字》，並且在張氏之書上，增補一些其所未見的字例。既是增補之書，《九經字樣》的「字樣」應大抵與《五經文字》近似，不過，唐氏云：「如總據《說文》，即古體驚俗；若依近代文字，或傳寫乖訛。今與校勘官同商較是非，取其適中。」對於正字的標準，唐氏是取持平的態度，並非皆學習《說文》。李蘇和《唐玄度《九經字樣》研究》闡論關於《九經字樣》的正字觀有三：

一、經典文字之標準要嚴格而保守

二、要規範化，不要絕對化

三、正字要符合字源、字形演變〔註83〕

〔註81〕〔唐〕張參撰：《五經文字》，《中華漢語工具書書庫》第 12 冊，頁 6。
〔註82〕李景遠著：《張參五經文字之研究》，頁 253～262。

所以《九經字樣》雖然是可以視作《五經文字》的續編，但它不僅有續，更富有變化，尤其在訂立正字時，擁有更多的彈性，不只是師法《說文》，這是該書的字樣特色，若與《經典文字辨證書》相比，也就是差異在此，畢沅較信守《說文》，而唐玄度則否。

其四，郭忠恕之《佩觿》是一本在漢語辨似學中舉足輕重的書籍，雖非卷帙浩繁，但當中蘊涵不少辨似的概念。是書分三卷，上卷是郭氏對於文字的看法，包括造字、音訛字異、傳寫之差等問題，分析得相當透澈，中、下卷則分辨許多相似的字例。陳姞淨《《佩觿》字樣理論研究》中，分析《佩觿》所呈現的字樣學理有四項：

一、注重文字實用原則

二、重視文字形體流變，以爲訂定正字之依歸

三、訂定標準之形音義，以明其字用

四、辨別字體正異，以求文字使用之正確〔註84〕

《佩觿》爲重要的辨似書籍，所以將此書與《經典文字辨證書》相較，發現僅有第四項「辨別字體正異，以求文字使用之正確」，二者接近，其他的觀念並未相合，因爲《佩觿》屬「時宜派」之字樣觀，所以注重用字的場合，如何「用」，才是郭氏所看重。

其五，《復古編》是北宋張有「據古《說文》以爲正」〔註85〕的字樣書，由於張有並未撰有自序，必須由書中所收錄之字例探究，拙著《張有《復古編》綜合研究》中，曾析論《復古編》所涵有的字樣觀念，可分爲三點：

一、視《說文》爲文字學之圭臬

二、嚴格區分字體之原則

三、明確辨析形似字之觀念〔註86〕

這三個觀念都見於《經典文字辨證書》，也就是說，畢沅與張有的字樣觀念頗爲相近，和《復古編》性質雷同。

〔註83〕李蘇和著：《唐玄度《九經字樣》研究》，頁220～221。

〔註84〕陳姞淨著：《佩觿字樣理論研究》（臺北：中國文化大學中國文學研究所碩士論文，2004年12月），頁169～170。

〔註85〕〔宋〕張有撰：《復古編》，《中華漢語工具書書庫》第12冊（合肥：安徽教育出版社2002年6月，據影宋鈔本影印），頁255。

〔註86〕拙著：《張有《復古編》綜合研究》（臺北：臺北市立教育大學中國語文學系碩士論文，2011年7月），頁129～133。

綜觀以上五本字樣書的字樣觀念，《干祿字書》、《九經字樣》、《佩觿》三者在正字的取用標準雷同，因為三位作者對於當代的實際用字情況，或是用字的場合較看重，不同的時機點，要用不同的字，不能以一統萬；而《五經文字》、《復古編》，前者是為了經典的正統地位，後者則是為了糾正時俗，兩者皆以文字學上非常重要的《說文解字》為標準。畢沅此書的正字觀與《復古編》一致，都以《說文解字》為宗，而在辨別正確用字的用心上，亦皆相近，據此，可以判斷《經典文字辨證書》確實為一本以辨析字形為主的「字樣書」，並且在前人的基礎上，做出許多修正，所謂「後出轉精」，作為清代的重要辨似書，誠謂係十分稱職。

（三）學術價值

一本字書，乃編纂者絞盡腦汁，曠日費時，甚至投下畢生心力的嘔心瀝血之作，所以優點不少，然編者思慮再縝密，間或有缺失。畢沅編纂《經典文字辨證書》亦同，有其欠周詳之處。該書〈自敘〉中，他批判《干祿字書》、《復古編》的錯誤，但他的批評，也是有百密一疏之處，李慈銘云：

> 畢氏《經典文字辨證書》五卷，最為簡要明通，有功來學。其序備言古今文字正變，足以上繼《說文》之序，尤不可不讀。然亦有小誤。如云胄𡇼莫析，陝陝不殊，（今刻本及下注字皆作挾，蓋刻者之誤。）句下自注云，陝字從牙，夾從大，從兩人；陝字從夾，夾從大從氐刀。按陝即俗狹隘字，其字從夾，夾在大部，從大從二人左右相向，故作夾形，以兩人一大人為夾備義也。陝即今陝西字，其字從夾，夾在大部，從大象裹物形，即後出之閃字也。大即俗腋字，夾間裹物，故作夾形。八者非人非入，所謂指事也。自隸體便俗，故變夾作夾，以取易別。畢氏似尚未瞭其義。又譏張有《復古編》以莘為受別，而不知二文竝有，然莘實俗字，因受變為𡙡，遂為莘，俗又造𡙡字。畢氏謂古有莘字，不知何據？其書亦間有誤者。如：「夭部云：夲正，幸通。凡偏旁從幸放此，又見幸部，幸部云：夲正幸通，凡偏旁從夲放此，又見夭部。」案夭部之夲，覬幸之幸也，幸乃隸變。夲部首夲字，訓曰驚人，讀若籲，其字從大從𠦃。今段注據《五經文字》改作𠦃，𠦃即隸干字，其說甚確。今從夲偏旁之字，如朝𦉙等，隸皆作幸，遂與徼幸字亂，故俗又造倖字，而其聲義自別。畢氏似

誤仍爲一字矣，此千慮之失，不爲小也。〔註87〕

李氏將畢沅〈自敘〉中的錯誤及其對張有《復古編》的指摘一一辯駁，反批
他這樣錯誤的指摘，可說是「千慮之失，不爲小也」。雖然話說得很重，但李
氏還是稱讚《經典文字辨證書》是「最爲簡要明通，有功來學」，甚至稱其敘
爲「備言古今文字正變，足以上繼《說文》之序，尤不可不讀」。將其〈自敘〉
地位媲美《說文·敘》，更是對畢沅此書最大的認同。

　　歸納前論所述，可知此書擁有四點字樣學觀念：

　　　　（一）堅守《說文》正篆的正字觀念

　　　　（二）區分正、省、通、別、俗的字級觀念

　　　　（三）分別近似字形的辨似觀念

　　　　（四）斠正相似書籍的勘誤觀念

總結以上，雖然此書收字不似《康熙字典》如此的鉅量，但就字樣觀念的蘊
涵而論，與其他著名的字樣書相比，可以確定此書是一本立意良好、用心良
苦的字樣書，其於字樣學史上是有舉足輕重且不可磨滅的地位，往後諸家學
者探析文字學或傳統小學歷史時，對於此書的討論，皆應有所涉獵。

第三節　《音同義異辨》析論

　　在《說文解字舊音》、《經典文字辨證書》外，畢沅還撰有《音同義異辨》
一卷。因附於《經典文字辨證書》後，故又名《經典文字音同義異辨》〔註88〕。
書雖僅十數葉，但收錄了二百九十一組字例，辨析同組字例的異同。是書卷
首，畢沅敘云：

> 既作《辨正書》，每念經典之文多通假借之道，非必古人字少，以一
> 字而兼數義之用，皆緣隸寫轉譌，避緐文而趨變易所成。《說文解字》
> 所有其音同、其義異者，據形著訓，雜而不遫，分觀並舉，式鏡攷資。
> 因另爲一編，附于辨正之後，庶不俏邵陵之云爾。沅再識。〔註89〕

〔註87〕〔清〕李慈銘撰：《越縵堂筆記》（中）（臺北：世界書局，1975年7月），頁
　　　　545～546。

〔註88〕張其昀說：「《經典文字辨證書》凡五卷。據畢氏自序，其書有五例：
　　　　一曰正，皆《說文解字》所有者也。……與《經典文字辨證》相關，
　　　　畢沅又撰成《經典文字音同義異辨》一卷。」張其昀著：《「說文學」
　　　　源流考述》，頁286。

〔註89〕〔清〕畢沅撰：《音同義異辨》，《叢書集成初編》（北京：中華書局，1985年），

此敘說明七點：其一，該書撰寫的時間是在《經典文字辨證書》完成後，據《辨證書·敘》所說，撰成於乾隆四十八年（1783 年）九月，所以《音同義異辨》大約完成在其後不久；其二，會撰寫該書的原因，係因畢沅在完成《經典文字辨證書》五卷後，發現經典中的用字「多通假借之道」，但此「假借」，又未必真是假借，可能有許多原因，所以他整理了《說文》之「音同義異」的字組在書中；其三，該書收錄的字例，必出自於《說文》；其四，該書收錄的字組，彼此間的關係可能是「因字少而一字兼數義」所孳乳而生的假借字，或是自篆體隸變後產生的隸譌字，也有可能是因為字形繁複而簡易筆畫之簡體字；其五，該書編排字例的原則是以形體區分，並於其下做簡單的解釋；其六，該書編輯時力求在收錄眾多的字例裡，不使次序雜亂，有其範圍與規矩；其七，該書撰寫的最高原則是不違背「邵陵」許慎的《說文解字》；其八，該書原本放在《經典文字辨證書》書後，不該因僅有一卷而不可單獨成書。

　　藉由此敘文簡短而清楚的說明，可以知道該書撰寫時的許多用心，但眾多的字例，還是須要析分其種類。以下即述論該書內容之精要，並舉字例為證：

一、內容述論

　　〈敘〉文中提及：

> 每念經典之文多通假借之道，非必古人字少，以一字而兼數義之用，
> 皆緣隸寫轉譌，避籀文而趨變易所成〔註90〕

可知該書收錄的字組，應有三大類，一是「假借字」，二是「隸譌字」，三是「簡體字」。

　　在此必須先釐清的是畢沅此處所云之「假借」，意指為何。自古以來，諸家學者即為六書中之「假借」紛爭許久，班固主「六書為造字之本」，清儒戴震則主「四體二用」，視轉注、假借為用字之法。《說文解字·敘》：「假借者，本無其字，依聲託事，令長是也。」〔註91〕許師錟輝說：

> 依《說文·敘》所說，的確假借是用字之法。……不過《說文·敘》

　　　　頁 1。

〔註90〕同上注。

〔註91〕〔東漢〕許慎撰；〔清〕段玉裁注：《圈點說文解字》，頁 764。

以令、長二字爲假借之例，實有未妥……魯師實先著《假借遡原》，明揭《說文》有造字假借之證，謂許慎假借之說有二：其一爲用字假借，《說文·敘》所言是也；其二爲造字假借，如《說文》云：「甚，尤安樂也。从甘匹，匹、耦也。」……〔註92〕

由此觀之，《說文》中有造字假借之明證，所以假借確是造字之法，亦是用字之法。不過，畢沅於《音同義異辨》所云「假借」，不涉造字假借，均指用字假借。《說文·敘》中所說之假借，就是指用字假借。段玉裁注云：

大氐叚借之始，始於本無其字。及其後也，既有其字矣，而多爲叚借。又其後也，且至後代，譌字亦得自冒爲叚借。博綜古今，有此三變。

段注此即著名「叚借三變」說。第一變即《說文·敘》之「本無其字，依聲託事」，有此語義，但無字可用，借音同之字而用；第二變，「既有其字矣，而多爲叚借」，此類係原本有字可表其義，但不用原字，改以音同之字取代，又稱通假字；第三變，「譌字亦得自冒爲叚借」，此類即錯字。

《音同義異辨》的字組可分爲「無本字之用字假借」、「有本字之用字假借」、「音同義同之異體字」三大類，而「有本字之用字假借」又可析分爲「形近」與「形異」二類；「音同義同之異體字」則可析分爲「出自《說文》」與「非出自《說文》」二類。

（一）無本字用字假借

無本字之用字假借，就是藉由同音或音近之字來替代某字的意思，而被替代的某字，原來就不存在字形。

01、「趬、輕行也，即趬猙字；剽、劫殺也。今通用剽。」〔註93〕

《說文》：「趬，輕行也。从走，票聲。」〔註94〕又「剽，砭刺也。从刀，票聲。一曰剽劫人也。」〔註95〕趬，徐鉉標音爲「撫招切」，剽，「匹妙切」，撫、匹皆爲滂母，趬、剽皆爲段玉裁古韻第二部，二字音同義異。自《說文》看來，「趬」指慢慢走，而「剽」則是搶劫殺人，畢沅說「趬猙」應是用「趬」，

〔註92〕 許師錟輝著：《文字學簡編·基礎篇》（臺北：萬卷樓圖書公司，2007 年 10 月），頁 205～206。
〔註93〕 〔清〕畢沅撰：《音同義異辨》，《叢書集成初編》，頁 2。
〔註94〕 〔東漢〕許慎撰；〔宋〕徐鉉校訂：《說文解字》，頁 36。
〔註95〕 〔東漢〕許慎撰；〔宋〕徐鉉校訂：《說文解字》，頁 92。

解爲「敏捷勇猛」，已是假借，若作「剽」，亦是假借。是故，二字借用爲「趬猂」之義時，係爲同音異義形近之「無本字用字假借」。

02、**「余、語之舒也；予、推予也。」**〔註96〕

《說文》：「余，語之舒也。从八，舍省聲。」〔註97〕又「予，推予也。象相予之形。凡予之屬皆从予。」〔註98〕余，徐鉉標音爲「以諸切」，予，「余臣切」，二字皆爲段玉裁古韻第五部，二字音同。字形上，迥然不同；字義上，余，「語之舒也」；予，「推予也」，二字異義。然，作「我」之義時，二字爲同音異義異形之「無本字用字假借」。

03、**「泉、泉水，又圜泉；錢、錢鎛。」**〔註99〕

《說文》：「泉，水原也。象水流出成川形。凡泉之屬皆从泉。」〔註100〕又「錢，銚也。古田器。从金，戔聲。《詩》曰：『庤乃錢鎛。』」〔註101〕泉，徐鉉標音爲「疾緣切」，上古爲從紐元部〔註102〕，錢，「即淺切」、「昨先切」上古爲精紐元部〔註103〕。字音上，泉、錢聲近韻同。字形上，二字並無相似處。字義上，泉，泉水，錢，錢鎛，金屬做的農具，《詩經．周頌．臣工》：「庤乃錢鎛，奄觀銍艾。」描述了豐收來臨，將鋤田的農器藏起來，準備割麥收成。泉、錢，二字爲音近義異形異之「通假字」。此處將二者並置，可能係因古代的錢幣之流行似泉水，故又稱「泉幣」，而錢亦是貨幣，所以作「貨幣」之義時，二字爲同音異義異形之「無本字用字假借」。

（二）形近之有本字用字假借

有本字之用字假借，就是藉由同音或音近之字來替代某字的意思，二字只有聲音關係，沒有意義關係，而被替代的某字，原來就有存在字形，捨原字形不用。此類爲「有本字用字假借」中，字形相仿者。

〔註96〕〔清〕畢沅撰：《音同義異辨》，《叢書集成初編》，頁5。
〔註97〕〔東漢〕許愼撰；〔宋〕徐鉉校訂：《說文解字》，頁28。
〔註98〕〔東漢〕許愼撰；〔宋〕徐鉉校訂：《說文解字》，頁84。
〔註99〕〔清〕畢沅撰：《音同義異辨》，《叢書集成初編》，頁10。
〔註100〕〔東漢〕許愼撰；〔宋〕徐鉉校訂：《說文解字》，頁239。
〔註101〕〔東漢〕許愼撰；〔宋〕徐鉉校訂：《說文解字》，頁296。
〔註102〕郭錫良著：《漢字古音手冊》（北京：北京大學出版社，1986年11月），頁224。
〔註103〕郭錫良著：《漢字古音手冊》，頁203。

01、「犙、𤲋犙：產、生也。今通用產」〔註104〕

《說文》：「犙，畜牲。从牛，產聲。」〔註105〕又「產，生也。从生，彥省聲。」〔註106〕，犙、產，徐鉉標音皆爲「所簡切」，二字音同義異。「犙」爲畜牲，而「產」則是「產子」，疑「犙」字筆畫較「產」，後人使用簡省，所以用音同義異之「產」代替「犙」。產爲犙之「通假字」。

02、「蹇、走貌：蹇、跛也。今通用蹇。」〔註107〕

《說文》：「蹇，走貌。从走，寒省聲。」〔註108〕又「蹇，跛也。从足，寒省聲。臣鉉等案：《易》：『王臣蹇蹇。』今俗作謇，非。」〔註109〕蹇、蹇，徐鉉標音皆爲「九輦切」，且「蹇」之聲符爲「蹇省」，二字音同義異。「蹇」爲跑的樣子，而「蹇」則是不良於行，蹇爲蹇之「通假字」。

03、「延、正行也，亦作征：延、行也，〈河渠書〉延道弛兮，今通用征。」〔註110〕

《說文》：「延，正行也。从辵，正聲。諸盈切。」〔註111〕又「延，行也。从彳，正聲。」〔註112〕延、延，徐鉉標音皆爲「諸盈切」，且或體皆作「征」，足見二字《說文》字義雖不盡相同，但在字音、字形上，是可相通，故爲形近之「通假字」。

04、「延、安步延延：延、長行也。今通用延。」〔註113〕

《說文》：「延，安步延延也。从彳，从止。凡延之屬皆从延。」〔註114〕又「延，長行也。从延，丿聲。以然切。」〔註115〕延，徐鉉標音爲「丑連切，延，「以然切」，二者皆爲段玉裁古韻第十四部。二字韻同義異。二字字形相仿，僅有一丿之差異，再加上韻同，所以容易混淆。「延」爲「延」之

〔註104〕〔清〕畢沅撰：《音同義異辨》，《叢書集成初編》，頁2。
〔註105〕〔東漢〕許慎撰；〔宋〕徐鉉校訂：《說文解字》，頁29。
〔註106〕〔東漢〕許慎撰；〔宋〕徐鉉校訂：《說文解字》，頁127。
〔註107〕〔清〕畢沅撰：《音同義異辨》，《叢書集成初編》，頁2。
〔註108〕〔東漢〕許慎撰；〔宋〕徐鉉校訂：《說文解字》，頁36。
〔註109〕〔東漢〕許慎撰；〔宋〕徐鉉校訂：《說文解字》，頁47。
〔註110〕〔清〕畢沅撰：《音同義異辨》，《叢書集成初編》，頁2。
〔註111〕〔東漢〕許慎撰；〔宋〕徐鉉校訂：《說文解字》，頁39。
〔註112〕〔東漢〕許慎撰；〔宋〕徐鉉校訂：《說文解字》，頁44。
〔註113〕〔清〕畢沅撰：《音同義異辨》，《叢書集成初編》，頁2。
〔註114〕〔東漢〕許慎撰；〔宋〕徐鉉校訂：《說文解字》，頁44。
〔註115〕同上注。

「通假字」在當時已多作「莚」。

05、「莚、《周禮》有莚菹；芹、楚葵，今通用芹。」〔註116〕

《說文》：「莚、菜類蒿。從艸，近聲。《周禮》有莚菹。」〔註117〕又「芹，楚葵也。从艸斤聲。」〔註118〕段注云：

> 《詩》《禮》皆作芹。〈小雅・箋〉曰：「芹、菜也，可以爲菹。」〈魯頌・箋〉曰：「芹、水菜也。」〈釋艸〉及《周禮・注》曰：「芹，楚葵也。」按即今人所食芹菜，今《說文》各本於艾葟二字之下，又出芹字訓『楚葵也，從艸斤聲。』此恐不知莚即芹者，妄用《爾雅》增之。考《周禮音義》曰：「芹，《說文》作莚。」則《說文》之有莚無芹明矣。且《詩・箋》引《周禮》芹菹，《說文》引《周禮》莚菹。豈得云二物也。〔註119〕

莚、芹，徐鉉標音皆爲「巨巾切」，就《說文》之說看來二字似爲音同義異，應是「通假字」，但就段玉裁上述考證經史及傳注等說，段氏以爲「芥」字是「此恐不知莚即芹者，妄用《爾雅》增之」，也就是說是後人亂加進去之字，二字應是同一字。

06、「証、諫也；諍、止也。今通用諍。」〔註120〕

《說文》：「証，諫也。从言正聲。」〔註121〕又「諍，止也。从言爭聲。」〔註122〕証，徐鉉標音爲「之盛切」，諍，「側迸切」，二者皆爲段玉裁古韻第十一部，所以二字韻同義異，今作「諫」義時多用「諍」，故諍爲証之「通假字」。

07、「謟、禱也，亦作禱；誄、諡也。今通用誄。」〔註123〕

《說文》：「謟，禱也。累功德以求福。《論語》云：『謟曰：「禱爾于上下神祇。」』从言，纍省聲。禱，或不省。」〔註124〕又「誄，諡也。从言，

〔註116〕〔清〕畢沅撰：《音同義異辨》，《叢書集成初編》，頁2。
〔註117〕〔東漢〕許慎撰；〔宋〕徐鉉校訂：《說文解字》，頁16。
〔註118〕〔東漢〕許慎撰；〔宋〕徐鉉校訂：《說文解字》，頁19。
〔註119〕〔東漢〕許慎撰；〔清〕段玉裁注：《圈點說文解字》，頁24。
〔註120〕〔清〕畢沅撰：《音同義異辨》，《叢書集成初編》，頁3。
〔註121〕〔東漢〕許慎撰；〔宋〕徐鉉校訂：《說文解字》，頁52。
〔註122〕〔東漢〕許慎撰；〔宋〕徐鉉校訂：《說文解字》，頁53。
〔註123〕〔清〕畢沅撰：《音同義異辨》，《叢書集成初編》，頁3。
〔註124〕〔東漢〕許慎撰；〔宋〕徐鉉校訂：《說文解字》，頁57。

未聲。」〔註125〕謆、誄，徐鉉標音皆爲「力軌切」，二字音同義異。《論語・述而》中，「謆」爲「禱」義，指古人行善積德，以求神降福之事，常用「誄」代「謆」，故誄爲謆之「通假字」。

08、「麤、行超遠也；粗、粗細，今同用。」〔註126〕

《說文》：「麤，行超遠也。从三鹿。凡麤之屬皆从麤。」〔註127〕又「粗，疏也。从米，且聲。」〔註128〕麤，徐鉉標音爲「倉胡切」，粗，「徂古切」，二字皆爲段玉裁古韻第五部，二字音同。字形上，迥然不同；字義上，麤，「行超遠也」，形容超遠、遙遠；粗，《說文》「疏也」，疏忽、不周密。二字爲同音異義異形之「通假字」，亦是「異體字」。人性趨簡避繁，以筆畫簡省之粗代替麤。

09、「詘、詰詘；趉、走也。」〔註129〕

《說文》：「詘，詰詘也。一曰屈襞。从言，出聲。詘，詘或从屈。」〔註130〕又「趉，走也。从走，出聲。讀若無尾之屈。」〔註131〕詘，徐鉉標音爲「區勿切」，趉，「瞿勿切」，二字音同。字形上，二字皆从出聲，一从言，一从走，字形相近；字義上，詘，「詰詘也」，形容曲折的樣子；趉，《說文》「走也」，指跑的意思。二字爲同音異義形近之「通假字」。

10、「胄、從由下肉，嗣也；冑、從由下月，甲冑也。」〔註132〕

《說文》：「胄，胤也。从肉，由聲。」〔註133〕又「冑，兜鍪也。从冃，由聲。……」〔註134〕胄、冑，徐鉉標音皆爲「直又切」，二字音同。字形上，二字上从由，下从肉與冃，形體相近；字義上，胄，「嗣也」，指後代子孫；冑，「甲冑」，指鎧甲和頭盔，二者迥異。二字爲同音異義形近之「通假字」。

11、「鍾、樂器；鐘、酒器」〔註135〕

〔註125〕同上注。
〔註126〕〔清〕畢沅撰：《音同義異辨》，《叢書集成初編》，頁5。
〔註127〕〔東漢〕許慎撰；〔宋〕徐鉉校訂：《說文解字》，頁203。
〔註128〕〔東漢〕許慎撰；〔宋〕徐鉉校訂：《說文解字》，頁147。
〔註129〕〔清〕畢沅撰：《音同義異辨》，《叢書集成初編》，頁6。
〔註130〕〔東漢〕許慎撰；〔宋〕徐鉉校訂：《說文解字》，頁57。
〔註131〕〔東漢〕許慎撰；〔宋〕徐鉉校訂：《說文解字》，頁37。
〔註132〕〔清〕畢沅撰：《音同義異辨》，《叢書集成初編》，頁8。
〔註133〕〔東漢〕許慎撰；〔宋〕徐鉉校訂：《說文解字》，頁88。
〔註134〕〔東漢〕許慎撰；〔宋〕徐鉉校訂：《說文解字》，頁157。
〔註135〕〔清〕畢沅撰：《音同義異辨》，《叢書集成初編》，頁10。

《說文》:「鐘,酒器也。从金,重聲。」〔註136〕又「鐘,樂鐘也。秋分之音,物種成。从金,童聲。古者垂作鐘。銿,鐘或从甬。」〔註137〕鍾,徐鉉標音爲「職容切」,鐘,「職茸切」,二字音同。字形上,二字左从金,右从重與童,重、童字形近似;字義上,鍾,是樂器;鐘,是酒器,雖皆是器物,但用處大不同,二者相異。二字爲同音異義形近之「通假字」。

12、「夌、夌徲:稜、去也。」〔註138〕

《說文》:「夌,越也。从夂,从屮。屮,高也。一曰夌约也。」〔註139〕「稜」不見於《說文》,與「稜」字形相近且見於《說文》之字,如「棱」,《說文》:「棱,柧也。从木,夌聲。」〔註140〕,又如「陵」,《說文》:「陵,大皀也。从皀,夌聲。」〔註141〕夌,徐鉉標音爲「力膺切」,棱,「魯登切」,陵,「力膺切」。字音上,夌、陵同音,夌、棱皆爲來母、段玉裁古韻第六部,且「棱」从「夌聲」,二字聲韻相同。字形上,因「棱」从「夌」聲,「陵」亦同,所以三者僅差在偏旁部首。字義上,畢沅解「夌」爲「夌徲」,即陵夷,形容山勢漸遭削平,解「稜」爲去也,應是「陵」之訛誤,而非解爲「柧」之「棱」。夌、陵,二字爲音同義異形近之「通假字」。

13、「脩、脯也:修、長也。」〔註142〕

《說文》:「脩,脯也。从肉,攸聲。」〔註143〕又「修,飾也。从彡,攸聲。」〔註144〕脩,徐鉉標音爲「息流切」,修,徐鉉標音爲「鳥流切」、段注標音爲「息流切」〔註145〕。字音上,二字同音。字形上,二字皆从攸得聲,形符一从肉,一从彡,大抵字形相仿。字義上,脩,肉乾,修,裝扮、裝飾,引申爲修長。脩、修,二字爲音同義異形近之「通假字」。

14、「刑、剄也:荆、法也。」〔註146〕

〔註136〕〔東漢〕許慎撰;〔宋〕徐鉉校訂:《說文解字》,頁294。
〔註137〕〔東漢〕許慎撰;〔宋〕徐鉉校訂:《說文解字》,頁297。
〔註138〕〔清〕畢沅撰:《音同義異辨》,《叢書集成初編》,頁8。
〔註139〕〔東漢〕許慎撰;〔宋〕徐鉉校訂:《說文解字》,頁112。
〔註140〕〔東漢〕許慎撰;〔宋〕徐鉉校訂:《說文解字》,頁125。
〔註141〕〔東漢〕許慎撰;〔宋〕徐鉉校訂:《說文解字》,頁304。
〔註142〕〔清〕畢沅撰:《音同義異辨》,《叢書集成初編》,頁8。
〔註143〕〔東漢〕許慎撰;〔宋〕徐鉉校訂:《說文解字》,頁89。
〔註144〕〔東漢〕許慎撰;〔宋〕徐鉉校訂:《說文解字》,頁185。
〔註145〕〔東漢〕許慎撰;〔清〕段玉裁注:《圈點說文解字》,頁429。
〔註146〕〔清〕畢沅撰:《音同義異辨》,《叢書集成初編》,頁8。

《說文》：「刑，剄也。从刀，开聲。」〔註147〕又「荆，罰辜也。从井，从刀。《易》曰：『井，法也。』井亦聲。」〔註148〕刑、荆，徐鉉標音皆爲「戶經切」，二字音同。字形上，二字右从刀，左从开與井，开、井形近；字義上，刑，「剄也」，指用刀割頸；荆，《說文》：「罰辜也」，指刑罰。二字爲同音異義形近之「通假字」。

15、「雁、鴻雁；鴈、鵝鴈。」〔註149〕

《說文》：「雁，鳥也。从隹，从人，厂聲。讀若鴈。臣鉉等曰：『雁，知時鳥。大夫以爲摯，〈昏禮〉用之。故从人。』」〔註150〕又「鴈，鵝也。从鳥、人，厂聲。臣鉉等曰：『从人，从广，義無所取。當从雁省聲。』」〔註151〕雁、鴈，徐鉉標音皆爲「五晏切」，徐鉉亦稱「鴈」係「从雁省聲」，二字音同。字形上，从隹或从鳥，皆與鳥類相關；字義上，鵝雖同鳥亦是一種禽類，但細分而論還是不同，所以此二字實爲同音異義形近之「通假字」。

有本字用字假借，又可稱爲「通假」，此類字只要字音相同或相近，皆可相通，不過，若是二字之字形相仿，確實有可能增加使用通假字的機會，因爲有時未觀察仔細，而誤以爲二字相同，或因人性趨於簡便，所以會挑筆畫少的同音字取代，如以粗代麤，或是以誅代譸，即畢沅敘中所云「避繁文而趨變易」，甚有道理。此類若二者若字形相似，以現在的標準看來，就是形音皆近之訛字。

（三）形異之有本字用字假借

此類爲「有本字用字假借」中，字形相異者。

01、「遴、行難也，《易》以往遴；吝、恨惜也。今通用吝。」〔註152〕

《說文》：「遴，行難也。从辵，粦聲。《易》曰：『以往遴。』……」〔註153〕又「吝，恨惜也。从口，文聲。《易》曰：『以往吝。』……」〔註154〕遴、吝，徐鉉標音皆爲「良刃切」，二字音同義異，而在《易經‧蒙卦》中，

〔註147〕〔東漢〕許慎撰；〔宋〕徐鉉校訂：《說文解字》，頁92。
〔註148〕〔東漢〕許慎撰；〔宋〕徐鉉校訂：《說文解字》，頁106。
〔註149〕〔清〕畢沅撰：《音同義異辨》，《叢書集成初編》，頁8。
〔註150〕〔東漢〕許慎撰；〔宋〕徐鉉校訂：《說文解字》，頁76。
〔註151〕〔東漢〕許慎撰；〔宋〕徐鉉校訂：《說文解字》，頁81。
〔註152〕〔清〕畢沅撰：《音同義異辨》，《叢書集成初編》，頁2。
〔註153〕〔東漢〕許慎撰；〔宋〕徐鉉校訂：《說文解字》，頁41。
〔註154〕〔東漢〕許慎撰；〔宋〕徐鉉校訂：《說文解字》，頁34。

「遴」字作「行難」解，同《說文》，一作「吝」。吝爲遴之「通假字」。

02、「馫、寧馫；馨、香也。今通用馨。」〔註155〕

《說文》：「馫，聲也。从只，粤聲。讀若聲。」〔註156〕又「馨，香之遠聞者。从香，殸聲。殸，籀文磬。」〔註157〕馫、馨，徐鉉標音皆爲「呼形切」，且馫讀若「馨」，二字音同義異。「馫」爲語助詞，而「馨」則是香氣，作語助詞時應作「馫」，所以馨爲馫之「通假字」。段注：「謂語聲也。晉宋人多用『馨』字，若『冷如鬼手馨，強來捉人臂』、『何物老嫗，生此寧馨兒』是也，『馨』行而『馫』廢矣。」〔註158〕據段注可知，早在晉宋時便已用通假字「馨」作語助詞義，而本義之「馫」便愈來愈少用。

03、「誐、嘉善也，《詩》誐以溢我；假、非眞也。今通用假。」〔註159〕

《說文》：「誐，嘉善也。从言，我聲。《詩》曰：『誐以溢我。』」〔註160〕又「假，非眞也。从人，叚聲。一曰至也。《虞書》曰：『假于上下。』」〔註161〕誐，徐鉉標音爲「五何切」，假，「古疋切」、「古額切」；誐，上古爲疑母歌部〔註162〕，假，見母魚部〔註163〕，二者古韻相近，所以二字韻近義異。《詩經·維天之命》「誐以溢我」，「誐」爲「嘉」義，常用「假」代「誐」，故假爲誐之「通假字」。

04、「𢒈、《詩》𢒈兮達兮；挑、擾也。今通用挑。」〔註164〕

《說文》：「𢒈，滑也。《詩》云：『𢒈兮達兮。』」〔註165〕又「挑，撓也。从手，兆聲。一曰摷也。……」〔註166〕段注：「今〈鄭風〉：『挑兮達兮』，㞢

〔註155〕〔清〕畢沅撰：《音同義異辨》，《叢書集成初編》，頁2。

〔註156〕大徐本作「讀若聲」，段注本作「讀說馨」，段注爲是。見〔東漢〕許慎撰：〔宋〕徐鉉校訂：《說文解字》，頁50。〔東漢〕許慎撰：〔清〕段玉裁注：《圈點說文解字》，頁88。

〔註157〕〔東漢〕許慎撰；〔宋〕徐鉉校訂：《說文解字》，頁147。

〔註158〕〔東漢〕許慎撰；〔清〕段玉裁注：《圈點說文解字》，頁88。

〔註159〕〔清〕畢沅撰：《音同義異辨》，《叢書集成初編》，頁3。

〔註160〕〔東漢〕許慎撰；〔宋〕徐鉉校訂：《說文解字》，頁53。

〔註161〕〔東漢〕許慎撰；〔宋〕徐鉉校訂：《說文解字》，頁165。

〔註162〕郭錫良著：《漢字古音手冊》，頁14。

〔註163〕郭錫良著：《漢字古音手冊》，頁8。

〔註164〕〔清〕畢沅撰：《音同義異辨》，《叢書集成初編》，頁3。

〔註165〕〔東漢〕許慎撰；〔宋〕徐鉉校訂：《說文解字》，頁64。

〔註166〕〔東漢〕許慎撰；〔宋〕徐鉉校訂：《說文解字》，頁253。

部引，亦作挑。」〔註167〕叟，徐鉉標音爲「土刀切」，挑，「土凋切」，上古皆爲透母宵部〔註168〕。二字音同義異。《詩經・鄭風》中，叟、達，皆形容往來貌，所以較接近「叟」之「滑」義，常用「挑」代「叟」，故挑爲叟之「通假字」。

06、「亞、乖也；誑、欺也。今通用誑。」〔註169〕

《說文》：「亞，乖也。从二臣相違。讀若誑。」〔註170〕又「誑，欺也。从言狂聲。」〔註171〕亞、誑，徐鉉標音皆爲「居況切」，二字音同義異，如此看來，二者通假。亞，「乖」義，即「違背」，作此義時多用「誑」，故誑爲亞之「通假字」。

06、「敓、強取也；奪、收持佳失之也。今通用奪。」〔註172〕

《說文》：「敓，彊取也。《周書》：『敓攘矯虔。』」〔註173〕又「奪，手持佳失之也。从又，从奮。」〔註174〕敓、奪，徐鉉標音皆爲「徒活切」，二字音同義異。敓字篆書作「敓」，隸定後作「敓」，較近原形，然此處作「敓」，應是「兌」與「兗」皆爲「兌」之隸形，二者混同，連同「敓」字亦受混用影響。《尚書・周書・呂刑》中，敓作「強取」，同《說文》字義，然當時作此義時多用「奪」，故奪爲敓之「通假字」。

07、「丰、草蔡也；芥、菜也。今通用芥。」〔註175〕

《說文》：「丰，艸蔡也。象艸生之亂也。凡丰之屬皆从丰。讀若介。」〔註176〕又「芥，菜也。从艸，介聲。」〔註177〕段注：「凡言艸芥，皆丰之假借也，芥行而丰廢矣。」〔註178〕丰、芥，徐鉉標音皆爲「古拜切」，二字音同義異。「丰」指草雜亂的樣子，而「芥」則是植物名，雖皆與植物有關，

〔註167〕〔東漢〕許慎撰；〔清〕段玉裁注：《圈點說文解字》，頁117。
〔註168〕郭錫良著：《漢字古音手冊》，頁167。
〔註169〕〔清〕畢沅撰：《音同義異辨》，《叢書集成初編》，頁3。
〔註170〕〔東漢〕許慎撰；〔宋〕徐鉉校訂：《說文解字》，頁66。
〔註171〕〔東漢〕許慎撰；〔宋〕徐鉉校訂：《說文解字》，頁54。
〔註172〕〔清〕畢沅撰：《音同義異辨》，《叢書集成初編》，頁3。
〔註173〕〔東漢〕許慎撰；〔宋〕徐鉉校訂：《說文解字》，頁68。
〔註174〕〔東漢〕許慎撰；〔宋〕徐鉉校訂：《說文解字》，頁77。
〔註175〕〔清〕畢沅撰：《音同義異辨》，《叢書集成初編》，頁3。
〔註176〕〔東漢〕許慎撰；〔宋〕徐鉉校訂：《說文解字》，頁93。
〔註177〕〔東漢〕許慎撰；〔宋〕徐鉉校訂：《說文解字》，頁25。
〔註178〕〔東漢〕許慎撰；〔清〕段玉裁注：《圈點說文解字》，頁185。

但意義仍有差距，所以二字字義並不相同。據段注可知，芥爲丰之「通假字」。

08、「郲、上穀縣名，《禮記》封黃帝之後於郲；薊、芣也。今通用薊。」
〔註179〕

《說文》：「郲，周封黃帝之後於郲也。从邑，契聲。讀若薊。上谷有郲縣。」
〔註180〕又「薊，芣也。从艸，劍聲。」〔註181〕郲、薊，徐鉉標音皆爲「古
詣切」，且郲讀若「薊」，二字音同義異。「郲」爲上穀縣名，而「薊」則是
菊科薊屬植物的泛稱，作地名之義時應作「郲」，所以薊爲郲之「通假字」。

09、「早、晨也；蚤、齧也。」〔註182〕

《說文》：「早，晨也。从日在甲上。」〔註183〕又「蚤，齧人跳蟲。从
虫叉聲。叉，古爪字。蚤，蟲或從虫。」〔註184〕早，徐鉉標音爲「子浩切」，
蚤，「子皓切」，二字皆爲段玉裁古韻第三部，二字音同。字形上，迥然不同；
字義上，早，清晨；蚤，小型昆蟲，二字異義。然，作「清晨」之義時，蚤
即爲早之同音異義異形之「有本字用字假借」，也就是「通假字」。

用同音字取代原本既有的字，在古時稱「有本字用字假借」，因古人字少。
此類若二者若字形迥異，以現在的標準看來，就是音近訛字。

（四）異體字之出自《說文》或體、古文

「異體字」的概念其實很廣泛，任何與所訂的正字相對的字，可能是俗
字、古字、簡字、帖字，甚至訛字，皆可海涵其中，但此處所稱「異體字」，
僅指「同音同義而異形」者。以下的「異體字」，皆出自該字之《說文》或體、
古文：

01、「龤、八音克龤；諧、詥也。今通用諧。」〔註185〕

《說文》：「龤，樂和龤也。从龠，皆聲。《虞書》曰：『八音克龤。』」
〔註186〕又「諧，詥也。从言，皆聲。」〔註187〕龤、諧，徐鉉標音皆爲「戶

〔註179〕〔清〕畢沅撰：《音同義異辨》，《叢書集成初編》，頁3。
〔註180〕〔東漢〕許慎撰；〔宋〕徐鉉校訂：《説文解字》，頁132。
〔註181〕〔東漢〕許慎撰；〔宋〕徐鉉校訂：《説文解字》，頁17。
〔註182〕〔清〕畢沅撰：《音同義異辨》，《叢書集成初編》，頁5。
〔註183〕〔東漢〕許慎撰；〔宋〕徐鉉校訂：《説文解字》，頁137。
〔註184〕〔東漢〕許慎撰；〔宋〕徐鉉校訂：《説文解字》，頁283。
〔註185〕〔清〕畢沅撰：《音同義異辨》，《叢書集成初編》，頁2。
〔註186〕〔東漢〕許慎撰；〔宋〕徐鉉校訂：《説文解字》，頁48。
〔註187〕〔東漢〕許慎撰；〔宋〕徐鉉校訂：《説文解字》，頁53。

皆切」，二字音同義異，如此看來，二者通假，不過，音樂之龤龢，引申爲整體事物的諧和，使得二字義近，所以段注：「龤龢作諧和者，皆古今字。」〔註188〕二字爲古今字。

02、「求：裘，古只一字。」〔註189〕

《說文》：「裘，皮衣也。从衣求聲。一曰：『象形，與衰同意。』凡裘之屬皆从裘。求，古文省衣。」〔註190〕「裘」爲《說文》標篆，隸定作「裘」，而古文省衣作「求」，隸定作「求」。大徐讀音作「巨鳩切」。二字音義皆同，既是古今字，亦是異體字。

03、「裳：常，古只一字。」〔註191〕

《說文》：「常，下裙也。从巾，尚聲。裳，常或从衣。」〔註192〕「常」爲《說文》標篆，隸定作「常」，而或體从衣作「裳」，隸定作「裳」。大徐讀音作「市羊切」。二字音義皆同，既是古今字，亦是異體字。

04、「祀：禩，本一字，《周禮》別爲二。」〔註193〕

《說文》：「祀，祭無已也。从示，巳聲。禩，祀或从異。」〔註194〕「祀」爲《說文》標篆，隸定作「祀」，而或體从異作「禩」，隸定作「禩」。大徐讀音作「詳里切」。二字音義皆同，既是古今字，亦是異體字。

05、「爟：烜，本一字，《周禮》別爲二。」〔註195〕

《說文》：「爟，取火於日官名，舉火曰爟。《周禮》曰：『司爟，掌行火之政令。』从火，雚聲。烜，或从亘。」〔註196〕「爟」爲《說文》標篆，隸定作「爟」，而或體从亘作「烜」，隸定作「烜」。大徐讀音作「古玩切」。二字音義皆同，既是古今字，亦是異體字。

06、「帥；帨，本一字，俗別為二。」〔註197〕

〔註188〕〔東漢〕許慎撰；〔清〕段玉裁注：《圈點說文解字》，頁86。
〔註189〕〔清〕畢沅撰：《音同義異辨》，《叢書集成初編》，頁10。
〔註190〕〔東漢〕許慎撰；〔宋〕徐鉉校訂：《說文解字》，頁173。
〔註191〕〔清〕畢沅撰：《音同義異辨》，《叢書集成初編》，頁11。
〔註192〕〔東漢〕許慎撰；〔宋〕徐鉉校訂：《說文解字》，頁159。
〔註193〕〔清〕畢沅撰：《音同義異辨》，《叢書集成初編》，頁11。
〔註194〕〔東漢〕許慎撰；〔宋〕徐鉉校訂：《說文解字》，頁8。
〔註195〕〔清〕畢沅撰：《音同義異辨》，《叢書集成初編》，頁11。
〔註196〕〔東漢〕許慎撰；〔宋〕徐鉉校訂：《說文解字》，頁210。
〔註197〕〔清〕畢沅撰：《音同義異辨》，《叢書集成初編》，頁11。

《說文》：「⿰巾兌，佩巾也。从巾、白。帨，帥或从兌，又音稅。」〔註198〕「⿰巾兌」為《說文》標篆，隸定作「帥」，而或體从兌作「帨」，隸定作「帨」。大徐讀音作「所律切」。二字音義皆同，既是古今字，亦是異體字。畢沅言「本一字」，非常正確。

（五）異體字之非出自《說文》或體、古文

此處的「異體字」，並非出自該字之《說文》或體、古文，而是同音同義異形之字：

01、「⿰多圣：大也；恢、大也。」〔註199〕

《說文》：「⿰多圣，大也。从多，圣聲。」〔註200〕又「恢，大也。从心，灰聲。」〔註201〕⿰多圣、恢，徐鉉標音皆為「苦回切」，二字音同。字義上，皆釋為「大也」。二字為同音同義異形之「異體字」。

02、「訢、喜也；欣、喜也。」〔註202〕

《說文》：「訢，喜也。从言，斤聲。」〔註203〕又「欣，笑喜也。从欠，斤聲。」〔註204〕訢、欣，徐鉉標音皆為「許斤切」，二字音同。字形上，皆從斤聲，形近。字義上，皆釋為「喜也」。二字為同音同義異形之「異體字」。

03、「⿱爪冏：治也；亂、治也。」〔註205〕

《說文》：「⿱爪冏，治也。幺子相亂，受治之也。讀若亂同。一曰理也。徐鍇曰：『曰冂，坰也，界也。』⿱爪冏，古文⿱爪冏。」〔註206〕又「亂，治也。从乙；乙，治之也。从⿱爪冏。」〔註207〕⿱爪冏、亂，徐鉉標音皆為「郎段切」，二字音同。字形上，亂從⿱爪冏得聲，形近；字義上，皆釋為「治也」。二字為同音同義異形之「異體字」。

以上三組為二字一組的「同音同義字」，以下則是三字一組的字組，前二

〔註198〕〔東漢〕許慎撰；〔宋〕徐鉉校訂：《說文解字》，頁158。
〔註199〕〔清〕畢沅撰：《音同義異辨》，《叢書集成初編》，頁4。
〔註200〕〔東漢〕許慎撰；〔宋〕徐鉉校訂：《說文解字》，頁142。
〔註201〕〔東漢〕許慎撰；〔宋〕徐鉉校訂：《說文解字》，頁218。
〔註202〕〔清〕畢沅撰：《音同義異辨》，《叢書集成初編》，頁7。
〔註203〕〔東漢〕許慎撰；〔宋〕徐鉉校訂：《說文解字》，頁53。
〔註204〕〔東漢〕許慎撰；〔宋〕徐鉉校訂：《說文解字》，頁179。
〔註205〕〔清〕畢沅撰：《音同義異辨》，《叢書集成初編》，頁10。
〔註206〕〔東漢〕許慎撰；〔宋〕徐鉉校訂：《說文解字》，頁84。
〔註207〕〔東漢〕許慎撰；〔宋〕徐鉉校訂：《說文解字》，頁308。

爲「同音同義字」，後一爲「通假字」，或是「或體」，如：

04、「气、雲气字，借爲乞與之乞；氣、饋食也，亦作餼同，今別用。」
〔註208〕

《說文》：「气，雲气也。象形。凡气之皆从气。」〔註209〕段注：「气氣，古今字，以氣爲雲气字，乃又作餼爲廩氣字矣。气本雲气，引伸爲凡气之偁。」〔註210〕又「氣，饋客芻米也。从米，气聲。《春秋傳》曰：『齊人來氣諸侯。』餼，氣或从旣。餼，氣或从食。」〔註211〕气，徐鉉標音爲「去旣切」，氣，「許旣切」，二字音同。字形上，氣从气聲，字形相近；字義上，气，「雲气」，今日所說之氣體；氣，《說文》「饋客芻米也」，送人的米糧。二字爲同音異義形近之「通假字」，亦是「異體字」。另，餼則爲「氣」之或體，亦爲「異體字」。畢沅言「今別用」，應是當代「氣體」義多用「氣」，送人的米糧多用「餼」，而「气」則被取代，少用。

05、「疋、通也；𣥴、通也；𣦼、稀𣦼。」〔註212〕

《說文》：「疋，通也。从㐬，从疋，疋亦聲。」〔註213〕，又「𣥴，通也。从爻，从疋。疋亦聲。」，〔註214〕又「𣦼，門戶疏窗也。从疋，疋亦聲。囪象𣦼形。讀若疏。」〔註215〕「疋」，隸定爲「疏」或「疋」。疏、𣥴、𣦼，徐鉉標音皆爲「所菹切」。疏、𣥴，二字音同。字義上，皆釋爲「通也」。二字爲同音同義異形之「異體字」。𣦼與疏、𣥴，爲形近之「通假字」。

06、「竺、厚也；𥫗、厚也；篤、馬行遲也。」〔註216〕

《說文》：「竺，厚也。从二，竹聲。」〔註217〕又「𥫗，厚也。从亯，竹聲。讀若篤。」〔註218〕又「篤，馬行頓遲。从馬，竹聲。」〔註219〕竺、𥫗、

〔註208〕〔清〕畢沅撰：《音同義異辨》，《叢書集成初編》，頁5。
〔註209〕〔東漢〕許慎撰；〔宋〕徐鉉校訂：《說文解字》，頁14。
〔註210〕〔東漢〕許慎撰；〔清〕段玉裁注：《圈點說文解字》，頁20。
〔註211〕〔東漢〕許慎撰；〔宋〕徐鉉校訂：《說文解字》，頁148。
〔註212〕〔清〕畢沅撰：《音同義異辨》，《叢書集成初編》，頁7。
〔註213〕〔東漢〕許慎撰；〔宋〕徐鉉校訂：《說文解字》，頁310。
〔註214〕〔東漢〕許慎撰；〔宋〕徐鉉校訂：《說文解字》，頁48。
〔註215〕同上註。
〔註216〕〔清〕畢沅撰：《音同義異辨》，《叢書集成初編》，頁8。
〔註217〕〔東漢〕許慎撰；〔宋〕徐鉉校訂：《說文解字》，頁286。
〔註218〕〔東漢〕許慎撰；〔宋〕徐鉉校訂：《說文解字》，頁111。
〔註219〕〔東漢〕許慎撰；〔宋〕徐鉉校訂：《說文解字》，頁200。

篤，徐鉉標音皆爲「冬毒切」。竺、篤，二字音同。字形上，皆从竹，形近；字義上，皆釋爲「厚也」。二字爲同音同義異形之「異體字」。篤，與竺、篤皆从竹，但字義不同，爲形近之「通假字」。

07、「亯、用也；庸、用也；傭、均直也。」〔註220〕

《說文》：「亯，用也。从高，从自。自知臭者所食也。讀若庸。」〔註221〕又「庸，用也。从用，从庚。庚，更事也。《易》曰：『先庚三日。』」〔註222〕又「傭，均直也。从人，庸聲。」〔註223〕亯、庸、傭，徐鉉標音皆爲「余封切」。亯、庸，二字音同。字義上，皆釋爲「用也」。二字爲同音同義異形之「異體字」。傭，與亯、庸，爲形近之「通假字」。

08、「旐、旌旗之旐；游、旌旗之游；瑬、冕十有二瑬，今俗並別作旒，非是。」〔註224〕

《說文》：「旐，旌旗之流也。从㫃，攸聲。」〔註225〕，又「游，旌旗之流也。从㫃，汓聲。遊，古文游。」〔註226〕，又「瑬，垂玉也，冕飾。从玉，流聲。」〔註227〕旐、游，徐鉉標音皆爲「以周切」，瑬，「力求切」，三字皆爲段玉裁古韻第三部。旐、游，二字音同，與瑬同韻。旐、游，字義上，皆釋爲「旌旗」。二字爲同音同義異形之「異體字」。瑬與旐、游，爲「通假字」。

以上諸多字組，既是「假借字」、「異體字」，亦可稱作「古今字」。何謂古今字？段玉裁在「誼」字下注云：

> 凡讀經傳者，不可不知古今字。古今無定時，周爲古，則漢爲今，漢爲古，則晉、宋爲今，隨時異用者，謂之古今字。非如今人所言古文、籀文爲古字，小篆、隸書爲今字也。〔註228〕

王筠也有類似的概念，其云：

〔註220〕〔清〕畢沅撰：《音同義異辨》，《叢書集成初編》，頁8。
〔註221〕〔東漢〕許慎撰；〔宋〕徐鉉校訂：《說文解字》，頁111。
〔註222〕〔東漢〕許慎撰；〔宋〕徐鉉校訂：《說文解字》，頁70。
〔註223〕〔東漢〕許慎撰；〔宋〕徐鉉校訂：《說文解字》，頁163。
〔註224〕〔清〕畢沅撰：《音同義異辨》，《叢書集成初編》，頁8。
〔註225〕〔東漢〕許慎撰；〔宋〕徐鉉校訂：《說文解字》，頁140。
〔註226〕同上注。
〔註227〕〔東漢〕許慎撰；〔宋〕徐鉉校訂：《說文解字》，頁11。
〔註228〕〔東漢〕許慎撰；〔清〕段玉裁注：《圈點說文解字》，頁94。

> 字有不須偏旁而義已足者，則其偏旁爲後人遞加也。其加偏旁而義
> 遂異者，是爲分別文，其種有二：一則正義爲借義所奪，因加偏旁
> 以別之者也；一則本字義多，既加偏旁，則祇分其一義也。其加偏
> 旁而義仍不異者，是謂累增字。〔註229〕

王筠提出「分別文」與「累增字」，稱造字有先後，時有古今，可以視爲較
狹義的古今字。從段注與王筠之說可知，古今字就是指「在不同時代用不同
的字」，因爲時有古今，因而不同的字就分別了古今。

二、編輯方式

　　據書名《音同義異辨》，因爲「同音」，所以會省去釋音，且該書字例皆
出於《說文》，故是書在解字時，也不就字形多加解說，僅釋不同的字義。
釋義時，基本上會引用《說文》的解釋，但若遇到《說文》有引書證的，有
時會省略釋義而直引書證。大抵編排的方式如下：

（一）基本體例

1、二字一組

　　「卩、符卩；節、竹約也。今通用節。」〔註230〕畢沅將要辨義的字以大
字書寫，小字解釋其義，並說明今日所通行的用字。如此字組，要辨析的字
是「卩」、「節」，「符卩」、「竹約也」分別爲其義，最後再判斷今日較通行的
是「節」字。此爲全書最常見的編排方式。不過，有時則未說明何者爲當時
較通行之字，如「泉、泉水，又圜泉；錢、錢鎛。」〔註231〕，僅列出字例，
未加判斷。

2、三字一組

　　「玓、玓瓅明珠色；旳、日光；馰、《易》曰：『爲的顙。』今三字並
俗作的。」〔註232〕畢沅將要辨義的字以大字書寫，小字解釋其義，並說明今
日所通行的用字。如此字組，要辨析的字是「玓」、「旳」、「馰」，「玓瓅明珠
色」、「日光」分別爲玓、旳之義。馰，《說文》解作「馬白額也」，畢沅則省
去釋義，僅引其書證《易經》之言。最後再判斷當時最通行的不是此三正字，

〔註229〕〔清〕王筠撰：《說文釋例・卷八・一》（臺北：世界書局，1984年10月）。
〔註230〕〔清〕畢沅撰：《音同義異辨》，《叢書集成初編》，頁2。
〔註231〕〔清〕畢沅撰：《音同義異辨》，《叢書集成初編》，頁10。
〔註232〕〔清〕畢沅撰：《音同義異辨》，《叢書集成初編》，頁5。

而是俗字「的」。

　　3、四字一組

　　「率、捕鳥畢；達、先道也；衛、將衛；帥、悅也。」〔註233〕畢沅將
要辨義的字以大字書寫，小字解釋其義，並說明今日所通行的用字。如此字
組，要辨析的字是「率」、「達」、「衛」、「帥」，「捕鳥畢」、「先道」、「將衛」、
「悅」分別爲其義。後並未解釋四字的關係，大抵前三字有相同字根「率」，
後「帥」字應是僅有同音關係。

　　4、五字一組

　　「晐、兼晐也；該、軍中約也；佁、奇佁非常也；胲、足大指毛也，《漢
書》：『五音奇胲』用此字；咳、小兒笑也，亦作孩，《史記》：『奇咳』字用
此。」〔註234〕此字組，要辨析的字是「晐」、「該」、「佁」、「胲」、「咳」，「兼
晐」、「軍中約」、「奇佁非常」、「足大指毛」、「小兒笑」分別爲其義。後並未
解釋五字的關係，但在「胲」、「咳」則有舉書證說明。

　　5、六字一組

　　「訇、迭歌也；傜、喜也；愮、喜也；歊、氣出歊歊；榣、樹動也；搖、
動也。」〔註235〕此字組，要辨析的字是「訇」、「傜」、「愮」、「歊」、「榣」、
「搖」，「迭歌」、「喜」、「氣出歊歊」、「樹動」、「動」分別爲其義。後並未解
釋六字的關係。

　　6、七字一組

　　「尃、布也；敷、攽也；攺、撫也；撫、安也；俌、輔也；拊、揗也；
忖、思也。」〔註236〕此字組，要辨析的字是「尃」、「敷」、「攺」、「撫」、「俌」、
「拊」、「忖」，字義分別爲「布」、「攽」、「撫」、「安」、「輔」、「揗」、「思」。
後並未解釋七字的關係。

　　7、八字一組

　　未見八字之字組。

　　8、九字一組

　　「莝、坼也；撥、引也；劈、剝也；撥、微回也；犉、旄牛；犂、耕也；

〔註233〕〔清〕畢沅撰：《音同義異辨》，《叢書集成初編》，頁 6。
〔註234〕〔清〕畢沅撰：《音同義異辨》，《叢書集成初編》，頁 8。
〔註235〕〔清〕畢沅撰：《音同義異辨》，《叢書集成初編》，頁 7。
〔註236〕同上注。

黎、履黏；鼇、國名；驎、黃驎。」〔註237〕此字組，要辨析的字是「犚」、
「㹀」、「劅」、「犪」、「犕」、「犚」、「黎」、「鼇」、「驎」，字義分別為「坼」、
「引」、「剝」、「微回」、「旄牛」、「耕」、「履黏」、「國名」、「黃驎」。後並未
解釋九字的關係。

（二）特殊體例

1、雙字詞一組

「迻逜、會也；交錯。今通用此二字」〔註238〕迻逜，《說文》：「迻，會
也。从辵，交聲。」〔註239〕、「逜，跡道也。从辵，昔聲。」〔註240〕；交
錯，《說文》：「交，交脛也。从大，象交形。凡交之屬皆从交。」〔註241〕、「錯，
金塗也。从金昔聲。」〔註242〕字音上，迻逜，大徐作「古肴切、倉各切」，
交錯，作「古肴切、倉各切」，二詞音同。段注：「東西正相值為『迻』。今
人假『交脛』之『交』為『迻』會字。」〔註243〕的確，迻逜才是「會」、「交
會」的本字，而「交錯」是用字假借。

2、單、雙字詞一組

「趠迻、遠也；綽綽、白也，綽亦作綽；約、束也；逴、遠也；踔、蹋
也。」〔註244〕趠、迻，《說文》：「趠，遠也。从走，卓聲。」〔註245〕，又
「迻，趠迻也。从走，龠聲。」〔註246〕而綽、綽，《說文》：「綽，緩也。從
素，卓聲。」〔註247〕，又「綽，白約縞也。从素，勺聲。」〔註248〕迻、綽，
徐鉉皆作「以灼切」，字音同。

後三字，約、逴、踔，《說文》：「約，纏束也。从糸，勺聲。」〔註249〕，

〔註237〕〔清〕畢沅撰：《音同義異辨》，《叢書集成初編》，頁6。
〔註238〕同上注。
〔註239〕〔東漢〕許慎撰；〔宋〕徐鉉校訂：《說文解字》，頁40。
〔註240〕同上注。
〔註241〕〔東漢〕許慎撰；〔宋〕徐鉉校訂：《說文解字》，頁214。
〔註242〕〔東漢〕許慎撰；〔宋〕徐鉉校訂：《說文解字》，頁295。
〔註243〕〔東漢〕許慎撰；〔清〕段玉裁注：《圈點說文解字》，頁72。
〔註244〕〔清〕畢沅撰：《音同義異辨》，《叢書集成初編》，頁6。
〔註245〕〔東漢〕許慎撰；〔宋〕徐鉉校訂：《說文解字》，頁37。
〔註246〕同上注。
〔註247〕〔東漢〕許慎撰；〔宋〕徐鉉校訂：《說文解字》，頁278。
〔註248〕同上注。
〔註249〕〔東漢〕許慎撰；〔宋〕徐鉉校訂：《說文解字》，頁272。

又「🧑，遠也。从辵，卓聲。一曰騫也。讀若棹苕之棹。臣鉉等案：『棹苕，今無此語，未詳。』」〔註250〕，又「🧑，踶也。从足，卓聲。」〔註251〕約、逴、踔，徐鉉音切分作「於略切」、「敕角切」、「知教切」。

前二詞與後三字，字義上看不出直接的關係；字音上，有些音同，有些音近，聲音關係複雜；字形上，部分字根相同。總而言之，二詞三字的關係畢沅未加說明，所以無法得知其用心，著實可惜。

三、學術價值

在前二小節針對《音同義異辨》書中內容、體例爬梳並加以分析、舉例說明後，可知該書有珍貴之學術價值如下：

（一）研究《說文》之素材

對於《說文》的研究，歷朝歷代已是蔚為奇觀，研究者眾，已是成為一門專業的「說文學」，然光是《說文》，須要自不同的面向觀察，從不一樣的角度切入，才能盡量對此書的價值發揮到最大，所以此書整理許多的同音字組、形似字組，皆是研究《說文》者的一個素材，或可考據此書內容，亦可為此書重新編輯、新增、刪減。

（二）研究同音字之材料

同音字假借的情況從古至今，一直是非常普遍的事情，這與人們的習性有關，因為漢字形、音、義結合，光看字形未必能念出讀音，縱使是形聲字，也有可能產生音變，所以寫不出字形時，往往就自己所知同音字來用，使得假借的情形相當多，然古人因字少，假借情形尚可體諒，但今人用字已是數萬，若再無範圍的假借，將使字形辨義的功能大幅縮減，因此，規範假借字的使用係有其必要，所以《音同義異辨》整理了二百九十一組的同音字組，足可為研究假借——尤其有本字之用字假借——者，當作研究的材料。

（三）探討古今字之資料

古今字一直是小學中一個重要的研究方向，其來源有許多，包括用字習慣不同、轉注造成、假借形成、俗寫而出、書體不同等，皆可能產生古今字，且古、今的界定是隨時而變，所以在《音同義異辨》的字組中，的確有許多

〔註250〕〔東漢〕許慎撰；〔宋〕徐鉉校訂：《說文解字》，頁42。
〔註251〕〔東漢〕許慎撰；〔宋〕徐鉉校訂：《說文解字》，頁46。

被畢沅視爲今日之通俗用字者，已脫離《說文》本義，在畢沅身處之際，係爲今字，而《說文》用字則爲古字，可就這樣的關係對字組進一步分析，進而推展，那麼研究的範圍能擴大不少，爲研究古今字提供更多面向。

四、精進改正

畢沅此書是研究「說文」、「同音字」、「古今字」的重要題材，但畢沅一人精力有限，此書仍存在許多問題，待後人替其修正、改進。

（一）編排方式要改進

此書在字組的編排裡，將許多同音字放在一起，但整體並沒有一定的排放順序，看不出放置字例的先後取捨爲何，比較像是畢沅個人在閱讀經典中，慢慢發現類似錯訛現象，因而抄錄下來成爲一編，所以像是筆記的方式，可再重新安排字組。

（二）字組排列要分類

一般的字、詞書對於字例的排放大抵有兩種，一是以音排列，二是以部歸類，然畢沅在此並未特別標出音讀，也並非以韻排列，雜亂無章；既然書中的字例皆出自《說文》，或可以《說文》五百四十部爲基礎的編列方式，而非隨意羅列。若以現代編排的眼光而視，亦可增加檢索表，以筆畫或音序協助查詢。

（三）字例注解要修正

畢沅因爲著重在辨識同音字上，所以僅是將同音或音近的字組排在一起，通常會將當時通用的字放在後面，甚至說解「今通用某」、「今通某」、「即某字」、「古只一字」等，但是有不少的字組僅是列出該字字義，根本未對整組字組有任何說明，雖從字例排放大抵可以觀察出其用意，但那僅是觀者之推測，並非全然爲畢沅本人的用意，所以可能有誤。此外，有些字、詞並置，也因缺乏後方解說，而變得邏輯不通。總的來說，在字組的後方，都應有適當數字的解釋，方能明白畢沅將這些字或詞歸於同一組的用心，而不須妄測。

（四）錯誤說明要訂正

「疲：痡，本一字，俗別爲二。」〔註252〕

〔註252〕〔清〕畢沅撰：《音同義異辨》，《叢書集成初編》，頁11。

　　《說文》：「疲，勞也。从疒，皮聲。」〔註253〕又「痶，皮剝也。从疒，

丯聲。」〔註254〕「疲」爲《說文》標篆，隸定作「疲」；「痶」爲《說文》

標篆，隸定作「疕」或「痶」。字音上，疲，大徐作「符羈切」，段玉裁古韻

第十七部，「痶」，「赤占切」，段氏古韻第七部。字義上，疲，「勞也」，意指

勞累，「痶」，則指把皮剝起來。二字音義皆不同，畢沅何以言「本一字」？

「痶」之籀文从戶，作「疢」，隸定作「疢」，篆形「疢」與疲之篆字「疲」，

相當雷同。疲、痶頂多字形相似，並非「本一字」，應是畢沅誤解。

　　若能針對此四點不盡美之處加以修正，那麼畢沅這本《音同義異辨》就

不僅如本書〈敘〉所言——附於《經典文字辨證書》後，而可以獨當一面，

成爲一本重要的「說文學」書籍，或是「字樣學」書，亦可在文字學、聲韻

學、訓詁學等相關學問中，補強該學問的理論建構，乃至於整體歷史的完整

性，都有其價值，值得後世持續增補精進。

〔註253〕〔東漢〕許慎撰：〔宋〕徐鉉校訂：《說文解字》，頁155。
〔註254〕同上注。